AF762293

अंधकार की शक्ति से मुक्ति - विस्तारित संस्करण 2025

यह एक अफ़्रीकी - भूतपूर्व चुड़ैल की सच्ची कहानी है जिसे भगवान की महान शक्ति ने बचाया - एक्सपैंडेड एडिशन 2025

अंधेरे की शक्ति से मुक्ति सीरीज 1

द्वारा

Emmanuel Eni; Zacharias Godseagle ;
Ambassador Monday O. O gbe ;

Table of Contents

किताब के बारे में – डिलीवर्ड फ्रॉम द पावर ऑफ़ डार्कनेस – एक्सपैंडेड एडिशन 2025

बहुत ज़रूरी – यह एक अफ़्रीकी भूतपूर्व चुड़ैल की सच्ची कहानी है जिसे भगवान की महान शक्ति ने छुटकारा दिलाया। यह किताब काल्पनिक नहीं है।

रेवरेंड इमैनुअल एमोस एनी की सच्ची गवाही है , जो एक समय जादू-टोने में बहुत ज़्यादा शामिल थे, जिन्हें यीशु मसीह की बेमिसाल शक्ति ने बचाया।

"जाते हुए प्रचार करो... 'तुम्हें मुफ्त में मिला है, मुफ्त में दो।'" – मैथ्यू 10:7–8
"अपने घर जाओ और अपने दोस्तों को बताओ कि प्रभु ने तुम्हारे लिए कितना कुछ किया है और कैसे उसने तुम पर दया की है।" - मार्क 5:19
"उन्होंने मेमने के खून और अपनी गवाही के वचन के द्वारा उस पर विजय पाई।" - प्रकाशितवाक्य 12:11
"धन्य हैं वे जो उसकी गवाहियों को मानते हैं, जो अपने पूरे दिल से उसे खोजते हैं।" - भजन 119:2
"तुम मेरे गवाह हो," प्रभु कहते हैं, "और मेरे सेवक, जिन्हें मैंने चुना है, जिन्हें तुम जानो और मुझ पर विश्वास करो और समझो कि मैं वही हूं। मुझसे पहले कोई ईश्वर नहीं बना और न मेरे बाद कोई होगा।" - यशायाह 43:10–12

2025 एक्सपैंडेड एडिशन – द अवेकनिंग कंटीन्यूज़

रेव. इमैनुएल एमोस एनी के शानदार उद्धार के चार दशक बाद भी, '*डिलीवर्ड फ्रॉम द पावर ऑफ़ डार्कनेस*' दुनिया भर में अफ्रीका से एशिया तक, यूरोप से अमेरिका तक बहुत से लोगों को जगा रही है। इस किताब को पढ़ने के बाद, छोटे और बड़े, सभी पाठकों ने भगवान से मुलाकात, सपनों, दर्शन और पवित्रता के लिए नए जोश की गवाही दी है।

इस 2025 एक्सपैंडेड एडिशन को प्रार्थना के साथ अपडेट किया गया है:

1. स्पष्ट करें और संदर्भ दें

कुछ रीडर्स ने ओरिजिनल कहानी में बताई गई कुछ जगहों और घटनाओं के बारे में ज्योग्राफिकल और हिस्टोरिकल सवाल उठाए (जैसे बेंडेल और इमो)।
इस एडिशन में, हमने एडिटोरियल फुटनोट्स और कॉन्टेक्स्ट देते हुए इमैनुएल एनी की असली कहानी को ध्यान से रखा है — यह पक्का करते हुए कि कहानी नाइजीरिया की हिस्टोरिकल राज्य की सीमाओं या कल्चरल शब्दों से अनजान रीडर्स की नई पीढ़ियों के लिए भरोसेमंद और समझने लायक बनी रहे।

2. **आध्यात्मिक अंतर्दृष्टि और टिप्पणी जोड़ें**

इस एडिशन में इन टॉपिक पर गहरी धार्मिक बातें शामिल हैं:

- स्वर्गदूतों का पतन और बुराई की उत्पत्ति
- समुद्री और गुप्त वाचाओं का कामकाज
- शैतान के राज्य की बनावट बनाम परमेश्वर की रोशनी की सरकार
- प्रभुता और मसीह में विश्वासियों के अधिकार के बीच अदृश्य युद्ध
- विश्वासी के छुटकारे की प्रक्रिया — *रहस्योद्घाटन, प्रलोभन, हमला, और बहाली*

ये जोड़ **पवित्रशास्त्र** , **वैश्विक मुक्ति के साक्ष्यों** और *ज़ाकारियास गॉडसीगल*, *राजदूत मंडे ओ. ओगबे और कम्फर्ट लाडी* द्वारा 40-**दिवसीय भक्ति "अंधेरे से प्रभुत्व की ओर" से लिए गए हैं** *ओगबे*- इस खंड में संदर्भित एक सहयोगी कार्य।

3. **असली मॉडर्न मुलाकातों को शामिल करें**

इस नए एडिशन में **"रीडर के सवाल और ग्लोबल बातचीत" पेश है** — दुनिया भर के विश्वासियों के साथ असली शिष्यता बातचीत, जिन्होंने इमैनुएल की गवाही पढ़ने के बाद, वैसी ही जागृति महसूस करना शुरू कर दिया। इनमें से एक खास बात है **भाई** की अनोखी कहानी **फ्रांसेस्को** , एक इटैलियन विश्वासी,

जिसने किताब पढ़ने और अनदेखी दुनिया के बारे में साफ़-साफ़ जानकारी मिलने के बाद *गॉड्स ईगल मिनिस्ट्रीज़ को लिखा।* उसका पूरा लेटर दिखाता है कि पवित्र आत्मा आज भी आम विश्वासियों को कैसे सिखाती है — प्रार्थना, धर्मग्रंथ और भविष्य बताने वाली सलाह के ज़रिए।

4. **मुक्ति और कमीशनिंग की प्रार्थनाओं से लैस रहें**

मुक्ति की प्रार्थनाएँ , **रोज़ाना की घोषणाएँ** , और एक **आखिरी कमीशनिंग प्रार्थना** मिलेगी — जिसे पढ़ने वालों को आज़ादी की तरफ़ कदम दर कदम ले जाने के लिए डिज़ाइन किया गया है। एक खास **"अंधेरे से झुकने की प्रार्थना" और जागरूकता और मुक्ति की 40-दिन की यात्रा** का एक लिंक भी है, जो जीत के लिए एक तय रास्ता खोजने वालों के लिए *From Darkness to Dominion* के ज़रिए उपलब्ध है ।

5. **रिस्टोर करें, रिप्लेस नहीं**

इस एडिशन में इमैनुएल एनी की कहानी का सार
नहीं बदला गया है। उनकी आवाज़ में कोई बदलाव नहीं किया गया है — उनकी गवाही आज भी असली सच्चाई और दिव्य शक्ति से गूंजती है। हालांकि, जो बातें जोड़ी गई हैं, वे उनके अनुभव के पीछे के गहरे मतलब को दिखाती हैं, और दिखाती हैं कि जिस भगवान ने उन्हें बचाया था, वही आज भी अलग-अलग देशों में दूसरों को बचा रहे हैं।

यह अब क्यों मायने रखता है

हम एक ऐसी पीढ़ी में जी रहे हैं जहाँ अंधेरा अब छिपता नहीं है — यह खुद को मार्केट करता है। फिर भी भगवान अपने गवाहों को फिर से खड़ा कर रहे हैं, पुरुषों और महिलाओं को धोखे से निकालकर राज में बुला रहे हैं।
यह किताब आज के समय के लिए एक भविष्यवाणी की तुरही बनी हुई है — जो छिपा है उसे सामने लाती है, जो बर्दाश्त किया जाता है उसका सामना करती है, और विश्वासियों को समझदारी और जीत के साथ चलने की ताकत देती है।

इन पन्नों को पलटने वाला हर पाठक उसी बदलाव लाने वाली कृपा का अनुभव करे जिसने इमैनुएल एनी को बचाया था — और उन लोगों की ग्लोबल कंपनी में शामिल हो जाए जिन्हें **अंधेरे से छुड़ाया गया है और उनकी शानदार रोशनी में भेजा गया है।**

"शांति का परमेश्वर जल्द ही शैतान को तुम्हारे पैरों तले कुचल देगा।" — रोमियों 16:20

लेखक के बारे में

(2025 एक्सपैंडेड एडिशन – एडिटोरियल इनसाइट्स और एनोटेशन्स के साथ)

मेरा नाम **इमैनुएल एनी है** - यह मेरे जीवन पर परमेश्वर की दया, कृपा और अटूट प्रेम की एक सच्ची कहानी है।

बाइबल कहती है, *"बच्चे को उस मार्ग की शिक्षा दे जिस में वह चलना चाहिये, और जब वह बुढ़ापे में होगा तौभी वह उस से न हटेगा"* (नीतिवचन 22: 6)।

यह परमेश्वर के शक्तिशाली, अद्भुत और रहस्यमयी कामों की कहानी है, जो प्रभु यीशु मसीह की आज्ञा का पालन करते हुए लिखी गई है, जिन्होंने मुझसे कहा, *"जाओ और जो मैंने तुम्हारे लिए किया है, उसकी गवाही दो।"*

अक्सर लोग सोचते हैं कि दुर्भाग्य किस्मत का खेल है जिसे बदला नहीं जा सकता। कुछ हद तक यह सच है, लेकिन भगवान के बच्चे के लिए, हर ज़िंदगी भगवान ने प्लान की होती है (नीतिवचन 16: 9)। वह प्लान पूरा होता है या नहीं, यह कई बातों पर निर्भर करता है – इंसान की भगवान से नज़दीकी, ज़िंदगी के असली मकसद की उसकी समझ, और वह माहौल जो उसके आध्यात्मिक विकास को आकार देता है।

हर ज़िंदगी के रास्ते में बाहरी ताकतें लगातार चुनौती देती रहती हैं। मुश्किल तब आती है जब हम अपनी **इच्छाशक्ति छोड़ देते हैं** - चाहे अच्छे के लिए हो या बुरे के लिए। भगवान की बात मानने की इच्छा नए विश्वासी की सबसे बड़ी ताकत होती है, जबकि न मानने की इच्छा एक पापी के हाथों में सबसे खतरनाक ताकत होती है।

दुनिया में अकेला छोड़ा गया बच्चा जल्द ही दो शक्तियों में से एक के अधीन हो जाता है: **अच्छा या बुरा** , **रोशनी या अंधेरा** , **भगवान या शैतान** । हर आत्मा को चुनना होगा कि वह किस मालिक की सेवा करना चाहता है। इसीलिए धर्मग्रंथ कहता है, *"बच्चे को उस रास्ते पर चलना सिखाओ जिस पर उसे चलना चाहिए, और जब वह बड़ा हो जाएगा, तो वह उससे दूर नहीं जाएगा।"*

आप इस बात से सहमत होंगे कि एक बच्चे के दिल के सबसे करीब और प्यारी इंसान उसकी माँ होती है। लेकिन, एक अनाथ बच्चे पर दोगुना बोझ होता है — शारीरिक और मानसिक रूप से। एक माँ शरीर और आत्मा दोनों की रक्षा करती है; जब माता-पिता दोनों खो जाते हैं, और खासकर किसी अजीब हालात में, तो बच्चा अंधेरे के हमलों का सामना करता है।

मेरी कहानी दो दशक पहले **अमेरी नाम के एक छोटे से गांव में शुरू हुई थी। इरीगबू ओज़ू आइटम** , बेंडे लोकल गवर्नमेंट में है **(अब एबिया स्टेट का हिस्सा है, लेकिन इस कहानी के समय पहले इमो स्टेट में था)**। मेरे माता-पिता अमीर नहीं थे, फिर भी मेरे पिता को

मेरे दादाजी से 42 हेक्टेयर ज़मीन विरासत में मिली थी — एक आशीर्वाद जो हमारे परिवार के इतिहास की सबसे बड़ी त्रासदी बन गया।

इस विरासत की वजह से, मेरे पिता से आस-पास और दूर के रिश्तेदार जलते थे। मुझे तब यह समझ नहीं आया, लेकिन जलन और लालच वह दरवाज़ा बन गए जिससे शैतानी नफ़रत और बर्बादी हमारे घर में घुस आई। जो आम जलन से शुरू हुई थी, वह जल्द ही अजीब घटनाओं में बदल गई जिसने मेरी ज़िंदगी का रास्ता हमेशा के लिए बदल दिया।

समर्पण

परमेश्वर पिता, पुत्र और पवित्र आत्मा
की महिमा के लिए— जो हमें अंधकार से बचाते हैं और अपनी अद्भुत रोशनी में बुलाते हैं।

यह गवाही सबसे पहले **हमारे प्रभु और बचाने वाले यीशु मसीह को समर्पित है** ,
जो परमेश्वर का मेमना है और दुनिया का पाप उठा लेता है, जिसकी दया अंधेरे की गहराइयों तक पहुँची और एक ऐसी आत्मा को मुक्ति दिलाई जो कभी खोई हुई थी लेकिन अब एक मकसद से जल रही है।

रेवरेंड इमैनुएल एमोस एनी को , जिनकी अंधेरे के छिपे हुए कामों को सामने लाने की हिम्मत ने
पीढ़ियों को रोशन किया है और सच्चाई की ताकत से कैदियों को आज़ाद कराना जारी रखा है। स्वर्गीय दर्शन के प्रति आपकी आज्ञाकारिता देशों के लिए उम्मीद और चेतावनी की किरण बनी हुई है।

यीशु मसीह की शक्ति से मुक्त हुए सभी लोगों के लिए,
आपकी आज़ादी उन लोगों के लिए एक गवाही बने जो अभी भी जंजीरों में जकड़े हुए हैं।

प्रार्थना करने वाले चर्च के लिए - मसीह की दुल्हन -
यह कहानी पवित्रता, सतर्कता और करुणा के लिए आपकी आग को फिर से जला दे।

"क्योंकि मनुष्य का पुत्र खोए हुओं को ढूंढने और बचाने आया है।"
(लूका 19:10)

स्वीकृतियाँ

बहुत आभार के साथ, हम मानते हैं और सम्मान देते हैं:

- **रेवरेंड इमैनुएल एमोस एनी** , शैतानी धोखे की गहराइयों से छुटकारा पाने के चुने हुए ज़रिया और चश्मदीद गवाह। आपकी गवाही एक दिव्य तुरही बनी हुई है—विश्वासियों को आध्यात्मिक सच्चाइयों के लिए जगाती है और यीशु मसीह की महानता को बढ़ाती है। आपका जीवन यह साबित करता रहता है कि कोई भी अंधेरा भगवान की दया के लिए बहुत गहरा नहीं है।
- **प्रभु यीशु मसीह** , उद्धार के रचयिता, आत्माओं के उद्धारकर्ता, और महिमा के अनन्त राजा—जिनकी शक्ति हर जंजीर को तोड़ देती है, हर घाव को भर देती है, और खोए हुए को उद्देश्य लौटा देती है।
- **पवित्र आत्मा** , सत्य को प्रकट करने वाला और छुटकारा पाए हुओं को सहारा देने वाला है, जो उन सभी को दोषी ठहराता है, सशक्त करता है, और सांत्वना देता है जो ईमानदारी से मसीह का अनुसरण करते हैं।
- **यीशु मसीह के वफादार सेवक, बीच-बचाव करने वाले और शिष्य** , जो सच्चाई और युद्ध की प्रार्थना की मशाल को घरों, धर्मपीठों और समुदायों तक ले जाते हैं। नेकी के लिए आपका स्टैंड अंधेरे के राज को हिला देता है।

- **मसीह का ग्लोबल शरीर** , इस गवाही से आध्यात्मिक सतर्कता, खोए हुए लोगों के लिए दया, और जीवन और सिद्धांत में पवित्रता के प्रति समर्पण के लिए जागा।
- **राजदूत मंडे ओ. ओगबे** के नेतृत्व में *गॉड्स ईगल मिनिस्ट्रीज़ (जीईएम)* और *ओटाकाडा.ओआरजी* की **प्रकाशन और पुनर्स्थापना टीम** , जिसका मिशन *"एक समय में एक जीवन के साथ राष्ट्रों में परमेश्वर के वचन का बीजारोपण करना" है,* यह सुनिश्चित करता है कि इस गवाही का प्रकाश पृथ्वी के हर कोने तक पहुंचे।
- **दुनिया भर के पार्टनर और सपोर्टर** , जो प्रार्थना, दान और हौसला बढ़ाकर, सच्चाई और उम्मीद की ज़रूरत वाली दुनिया में मुक्ति, शिष्य बनाने और बदलाव के संदेश पहुंचाना मुमकिन बनाते हैं।

आखिर में, सारा धन्यवाद **उसी को जाता है जो हमेशा राज करता है—**
अल्फा और ओमेगा, पहला और आखिरी, जिसके सामने हर घुटना झुकेगा और हर ज़बान कबूल करेगी:
यीशु मसीह ही प्रभु है।

"जो हमसे प्यार करता है, और जिसने अपने खून से हमें पापों से आज़ाद किया है,
और हमें अपने परमेश्वर और पिता की सेवा करने के लिए एक राज्य और याजक बनाया है—
उसकी महिमा और शक्ति हमेशा और हमेशा के लिए हो।

आमीन।"

(प्रकाशितवाक्य 1:5–6)

पब्लिशर के बारे में – गॉड्स ईगल मिनिस्ट्रीज़ – Otakada.org

"राष्ट्रों में बीजारोपण, जीवन में परिवर्तन।"

गॉड्स ईगल मिनिस्ट्रीज़ *(GEM) —* ***जिसे*** *Otakada.org के नाम से भी जाना जाता है — एक आत्मा से चलने वाला, बिना किसी सीमा के ईसाई आंदोलन और मीडिया प्लेटफ़ॉर्म है जो परमेश्वर के वचन की हमेशा रहने वाली सच्चाई के ज़रिए देशों में इलाज, छुटकारा, शिष्यत्व और बहाली लाने के लिए समर्पित है।*

हम ***दीवारों, सीमाओं या संप्रदायों के बिना एक चर्च हैं****, जो यूहन्ना 17:21–23 में यीशु के आह्वान का उत्तर देते हैं — "ताकि वे सभी एक हो जाएं।"*

हमारा नज़रिया

एक एकजुट ईसाई दुनिया *बनाना — जहाँ विश्वासी आध्यात्मिक एकता में चलें, सच्चाई से ताकत पाएं, पवित्र आत्मा से रास्ता दिखाएं, और आज्ञा मानने पर आधारित शिष्यता से बदलें।*

हमारा विशेष कार्य

"एक समय में एक जीवन के द्वारा राष्ट्रों में परमेश्वर के वचन का बीजारोपण करना।"

"Delivered from the Power of Darkness" ***जैसी किताबों के*** *ज़रिए, GEM* ***अंधेरी जगहों में यीशु की रोशनी फैला रहा है, और*** *बचाने, ठीक करने और छुटकारा दिलाने की उनकी शक्ति दिखा रहा है।*
हम ऐसा इस तरह करते हैं:

- *66* ***से ज़्यादा देशों*** *में* ***ईसाई शिष्यता और मुक्ति के संसाधनों को*** *पब्लिश और डिस्ट्रीब्यूट करना*
- *Otakada.org पर* ***ऑटोमेटेड 40- दिन की शिष्यता यात्रा*** *होस्ट करना*
- ***ग्लोबल काउंसलिंग, प्रार्थना, हीलिंग और मुक्ति*** *मंत्रालयों में शामिल होना*
- *मसीह के शरीर को एकता और मैच्योरिटी के लिए तैयार करने के लिए* ***पाँच गुना मिनिस्ट्री गिफ्ट्स*** *के साथ पार्टनरशिप करना*
- *दुनिया भर में 2* ***मिलियन से ज़्यादा ईसाई-केंद्रित कंटेंट*** *बनाना और सर्कुलेट करना*

हमारे मूल मूल्य

साहस • ईमानदारी • उत्कृष्टता • निडरता • रचनात्मकता • गति • दान

हमारा जुनून

*हम विश्वासियों को **मसीह में पूरी आज़ादी का अनुभव कराने में मदद करने के लिए जुनूनी हैं*** *— आत्मा, प्राण और शरीर। "Delivered from the Power of Darkness"* ***जैसी असल ज़िंदगी*** *की गवाही के ज़रिए, हम क्रॉस की जीत और हर तरह की गुलामी पर पवित्र आत्मा की बदलने वाली शक्ति का ऐलान करते हैं।*

हम जो करते हैं, उसकी सात मुख्य अभिव्यक्तियाँ

1. ***चर्चों को एकता का संदेश देना:*** *हम अलग-अलग ग्रुप के साथ जुड़ते हैं, और उनसे एक-दूसरे के साथ जुड़ने की अपील करते हैं।*
2. ***वार्षिक प्रार्थना और उपवास:*** *हर साल, हम* ***एकता, पुनरुद्धार और शिष्यत्व के*** *मुख्य विषय के साथ चर्च और नेतृत्व के लिए मध्यस्थता करने के लिए 40* ***दिन (17 मार्च - 26 अप्रैल) समर्पित करते हैं*** *।*
3. ***पब्लिशिंग:*** *हमने अपनी लिखी 65* ***से ज़्यादा डिसाइपलशिप बुक्स और*** *दूसरे क्रिश्चियन लेखकों की* ***100+ किताबें पब्लिश की हैं, जिन्हें 66 देशों में बांटा गया है*** *।*
4. ***ग्लोबल कंटेंट डिस्ट्रीब्यूशन: हमने*** *अलग-अलग पांच गुना मिनिस्ट्री गिफ्ट्स से 2* ***मिलियन से ज़्यादा***

क्रिश्चियन रिसोर्स *बनाए, इकट्ठा किए और सर्कुलेट किए हैं ।*

5. ***जीसस के साथ ऑटोमेटेड 40-Day डिसाइपलशिप:*** *Otakada.org पर होस्ट की गई एक गाइडेड यात्रा , जिसे दुनिया भर के विश्वासी एक्सेस कर सकते हैं।*
6. ***परामर्श और पुनर्स्थापना:*** *हम विश्व स्तर पर (वेब + व्यक्तिगत रूप से) ईसाइयों को परामर्श देते हैं क्योंकि परमेश्वर* ***आत्मा, प्राण और शरीर — चंगाई, छुटकारा और पुनर्स्थापना लाता है*** *।*
7. ***भविष्यवाणी वाला काम:*** *पवित्र आत्मा के मार्गदर्शन में, हम* ***भविष्यवाणी वाले काम करते हैं*** *और प्रभु को* ***अपना इलाका सौंपते हैं ।***

एकता के बारे में थोड़ा सा (बाइबिल की स्पष्टता)

- **आत्मा की एकता (इफिसियों 4:3): विश्वासियों के बीच** एक *मौजूदा सच्चाई* —नम्रता, प्यार और शांति के बंधन से बनी रहती है। हम इसे बनाते नहीं हैं; हम इसकी **रक्षा करते हैं ।**
- **विश्वास की एकता (इफिसियों 4:13):** एक *विकास लक्ष्य*-प्राप्त होता है जब चर्च **आज्ञाकारिता-आधारित शिष्यता** के माध्यम से **परमेश्वर के पुत्र के ज्ञान में परिपक्व होता है** ।

इसका मतलब है कि हमारी एकता **रिलेशनल (आत्मा में)** और **फॉर्मेशनल (मसीह जैसी मैच्योरिटी में) है** - कभी भी सिर्फ़ एक जैसा नहीं, बल्कि अलग- अलग पंथों और देशों में **यीशु में एकता है** ।

हमारी वैश्विक पहुंच

- ***राजदूत मंडे ओ. ओगबे*** *और GEM टीम द्वारा लिखी गई 500 से ज़्यादा* ***किताबें***
- ***66+ देशों*** *में सक्रिय उपस्थिति*
- ***ऑनलाइन और ऑफलाइन*** *500,000+* ***लोगों*** *तक हर महीने पहुंच*
- *पुनरुत्थान, एकता और बहाली के लिए* ***सालाना*** *40-* ***दिवसीय ग्लोबल प्रार्थना और उपवास*** *(17* ***मार्च*** *– 26* ***अप्रैल****)*

🔗 ***हमारे मंत्रालय के प्लेटफ़ॉर्म***

- *Otakada.org – शिष्यत्व, मुक्ति, प्रार्थना, और भविष्यवाणी मंत्रालय*
- *Shop.Otakada.org – किताबें, ई-कोर्स और क्रिश्चियन ग्रोथ टूल्स*
- *Amazon* ***लेखक पेज:***
    - *जाकारियास गॉडसीगल / एम्बेसडर मंडे ओ. ओगबे – पेज 1* -

https://www.amazon.com/stores/Zacharias-Godseagle/author/B0FCZ89D4K
  - राजदूत मंडे ओ. ओगबे – पेज 2 https://www.amazon.com/stores/author/B07MSBPFNX/allbooks
- **यूट्यूब चैनल:**
  - गॉड्स ईगल मिनिस्ट्रीज (मुख्य) https://www.youtube.com/@godseagleministries – **शिक्षाएँ और साक्ष्य**
  - राजदूत मंडे ओ. ओगबे (लेटेस्ट) https://www.youtube.com/@AmbassadorMondayogbe – **फ़िल्में और ग्लोबल प्रचार**

हमारे साथ जुड़ें

ईमेल: *ambassador@otakada.org*

WhatsApp / *फ़ोन:* *+1 804-778-2759 (Whatsapp) | +1 302-492-2440 | +234-803-283-5348 (Whatsapp)*

ब्लॉग: otakada.org/blog

पार्टनरशिप करें या दें: यहाँ क्लिक करें

हमारी वैश्विक उपस्थिति

- ***ईस्ट कोस्ट* USA:** *3825 लैंकेस्टर पाइक, विलमिंगटन, DE*
- ***ईस्ट कोस्ट* USA:** *4510 बक्स प्रॉमिस ड्राइव, बोवी, मैरीलैंड*
- ***वेस्ट कोस्ट* USA:** *1985 डेल एमो बुलेवार्ड, टोरेंस, CA*

- ***वेस्ट अफ्रीका*** *HQ: 8 सहाबा रेजिडेंस, लुग्बे, अबुजा*
- ***वेस्ट अफ्रीका*** *HQ: 14 ओलालेरे क्लोज़, मिलियनेयर क्वार्टर्स के पास, जोस नॉर्थ, जोस, प्लेटो स्टेट*

प्रकाशक नेतृत्व संपर्क

राजदूत मंडे ओ. ओगबे , छद्म नाम – ज़ाकारियास गॉडसीगल

संस्थापक, लेखक, और घुमंतू प्रचारक
गॉड्स ईगल मिनिस्ट्रीज़ – बिना दीवारों, सीमाओं या संप्रदायों वाला एक चर्च

"आइए, साथ मिलकर शरीर बनाएं, टूटे हुए लोगों को ठीक करें, और चर्च को एकजुट करें – उसकी आत्मा के द्वारा!"
शालोम।

एडिटर की प्रस्तावना — 2025 रिस्टोर्ड और एक्सपैंडेड एडिशन

"और वे मेम्ने के लहू के कारण, और अपनी गवाही के वचन के कारण, उस पर जयवन्त हुए।" — प्रकाशितवाक्य 12:11

चार दशक से भी पहले, **इमैनुएल एनी नाम के एक मामूली आदमी को** यीशु मसीह की कभी न रुकने वाली दया ने अंधेरे की गहराइयों से बाहर निकाला था।
उनकी कहानी — जो कभी आसान कागज़ों पर छपी थी और पूरे अफ्रीका में लोगों तक पहुँची थी — तब से हर महाद्वीप तक पहुँची है, दिलों को बदला है, धोखे को सामने लाया है, और चर्च को इंसानों की आत्माओं के लिए अनदेखी लड़ाई के लिए जगाया है।

यह 2025 **का रिस्टोर्ड और एक्सपैंडेड एडिशन** दोबारा लिखा हुआ नहीं है, बल्कि एक *नई रोशनी है*।
हमने इमैनुएल एनी की आवाज़ की असलियत को ध्यान से बनाए रखा है, साथ ही नई पीढ़ी के लिए क्लैरिटी, वेरिफाइड कॉन्टेक्स्ट और धर्मग्रंथों की गहराई भी जोड़ी है, जो आज के ज़माने में उन्हीं पुरानी ताकतों का सामना कर रही है।

आज, अंधेरा नए कपड़े पहन रहा है — टेक्नोलॉजी, एंटरटेनमेंट, सीक्रेट समझौते और खुद की पूजा। फिर भी लड़ाई वही है। यहां जो सबूत और भक्ति गीत जोड़े गए हैं, वे दिखाते हैं कि जीसस ने जो

एक के लिए किया, वह आज भी सबके लिए करते हैं। न्यूयॉर्क से नैरोबी तक, मंदिर से स्क्रीन तक, उनकी रोशनी आज भी अंधेरे की हर दुनिया में फैलती है।

हमारी प्रार्थना है कि जब आप ये पेज पढ़ेंगे, तो डर की जगह विश्वास ले लेगा, क्योंकि विश्वास सुनने से आता है और सुनना परमेश्वर के वचन से होता है और जिज्ञासा की जगह यकीन लेगी। आप सनसनीखेज बातों से आगे बढ़कर मुक्ति पाने वाली बात देखें — कि यह सिर्फ़ एक इंसान का कबूलनामा नहीं है, बल्कि एक दयालु बचाने वाले का खुलासा है।

इस एडिशन में 40-Day Deliverance Journey **भी शामिल है** , जिसे पढ़ने वालों को न सिर्फ़ छुटकारा देखने में मदद करने के लिए डिज़ाइन किया गया है, बल्कि घरों, देशों और डिजिटल जगहों पर भी राज में *चलने में भी मदद करने के लिए बनाया* गया है। हर दिन धर्मग्रंथ, सोच-विचार और भविष्यवाणी वाली प्रार्थना को मिलाता है, जो विश्वासियों को अपनी पीढ़ी के लिए गवाह और मुक्तिदाता के तौर पर उठने के लिए दुनिया भर में बुलावा देता है।

"आप उस चीज़ को शिष्य नहीं बना सकते जिसे आपने दिया नहीं है;
आप उस पर शासन नहीं कर सकते जहाँ आप अभी भी बंधे हुए हैं।"

हम आपको प्रार्थना के साथ, समझदारी से और खुले दिल से पढ़ने के लिए बुलाते हैं।

वही परमेश्वर जिसने इमैनुएल एनी को बचाया था, आज भी बचाता है। और सिर्फ़ उसी को हमेशा के लिए सारी महिमा, सम्मान और राज मिले।

इस एडिशन को एडिट करते हुए, मैंने खुद देखा है कि यह किताब अब कैसे कॉन्टिनेंट्स को जोड़ रही है। रोज़ाना मैसेज आते हैं—इटली, जर्मनी, केन्या, US, नाइजीरिया और दूसरी जगहों से—हर मैसेज में कोई सवाल, कोई सपना या नई आज़ादी का सबूत होता है। जो पुरुष और महिलाएं कभी अनदेखी चीज़ों से डरते थे, अब पाते हैं कि भगवान का दिया हुआ राज़ आज भी उनकी आत्मा के ज़रिए बोलता है।

इस बढ़ती भूख को पूरा करने के लिए, हमने GEM **की ग्लोबल डिसाइपलशिप कम्युनिटीज़** (इस वॉल्यूम के आखिर में लिस्टेड) के अंदर एक लगातार बातचीत का प्लैटफ़ॉर्म बनाया है। वहाँ, रीडर्स अपने अनुभव शेयर कर सकते हैं, सवाल सबमिट कर सकते हैं, और उन धर्मग्रंथों को पढ़ सकते हैं जो इमैनुएल एनी की कहानी को रोशन करते हैं—ठीक वैसे ही जैसे इटली के ब्रदर फ्रांसेस्को ने किया था। ये बातचीत हमें याद दिलाती है कि कहानी खत्म नहीं हुई है; यह बढ़ती जा रही है। **"रीडर के सवाल, ग्लोबल बातचीत, और स्कूल ऑफ़ डिलीवरेंस" टाइटल वाले आर्टिकल में और जानकारी पाएँ।**

डिलिवर्ड फ्रॉम द पावर ऑफ़ डार्कनेस एक किताब और एक आंदोलन दोनों बन गई है - एक ग्लोबल क्लासरूम जहाँ पवित्र आत्मा टीचर है और क्राइस्ट सबक हैं।

— **एम्बेसडर मंडे ओ. ओगबे**

फाउंडर, **गॉड्स ईगल मिनिस्ट्रीज़** (GEM)
एडिटर, *डिलीवर्ड फ्रॉम द पावर ऑफ़ डार्कनेस — रिस्टोर्ड एंड एक्सपैंडेड एडिशन* (2025)

चैप्टर 1 - "नई ज़िंदगी" की ओर मेरा पलायन

(2025 एक्सपैंडेड एडिशन – एडिटोरियल इनसाइट्स और एनोटेशन्स के साथ)

"लड़के को उसी मार्ग की शिक्षा दे जिस में वह चले, और जब वह बुढ़ापे में होगा तौभी वह उस से न हटेगा" (नीतिवचन 22: 6)।

यह परमेश्वर के कामों की कहानी है – शक्तिशाली, अद्भुत और रहस्यमयी – जो यीशु मसीह के आदेश का पालन करते हुए मुझसे कहा गया था: "जाओ और गवाही दो कि मैंने तुम्हारे लिए क्या किया है।"

(एडिटर का नोट – 2025 अपडेट: यह किताब मसीह के गवाही देने के बुलावे को सीधे मानने से शुरू होती है – मरकुस 5:19 . हर गवाही अंधेरे के खिलाफ एक हथियार है – प्रकाशितवाक्य 12:11.)

आम तौर पर लोग सोचते हैं कि मुसीबत किस्मत का खेल है और हम अपनी ज़िंदगी की घटनाओं को बदलने के लिए कुछ नहीं कर सकते। कुछ हद तक यह सच है। भगवान के बच्चे के मामले में, उसकी ज़िंदगी प्लान की हुई होती है (नीतिवचन 16: 9)। वह प्लान पूरा होगा या नहीं, यह कई बातों पर निर्भर करता है, जैसे कि

इंसान भगवान के कितना करीब है, ज़िंदगी के असली मकसद के बारे में उसका क्या नज़रिया है, और वह खुद को किस सामाजिक-आध्यात्मिक माहौल में पाता है।

(आध्यात्मिक समझ: भगवान का राज इंसान की ज़िम्मेदारी को खत्म नहीं करता। उनकी इच्छा के साथ तालमेल ही किसी प्लान को किस्मत में बदलता है।)

आपकी ज़िंदगी के रास्ते में कुछ बाहरी वजहें चुनौती देती हैं। मुश्किल तब आती है जब आप अपनी WILL को किसी न किसी तरह, अच्छे या बुरे के लिए छोड़ देते हैं। आप प्यार कर सकते हैं या नफ़रत। आप समझना चाह सकते हैं या गलत समझ सकते हैं। बात मानने की इच्छा एक नए जन्मे ईसाई की सबसे बड़ी ताकत होती है, जबकि बात न मानने की इच्छा एक पापी की सबसे बड़ी ताकत होती है।

जब एक बच्चा दुनिया में अकेला छोड़ दिया जाता है, तो उसे दो ताकतों में से एक कंट्रोल करती है: अच्छा या बुरा, सही या गलत, भगवान या शैतान। हर किसी को ज़िंदगी की इन दो ताकतों से चुनौती मिलती है, और हर किसी को चुनना होता है कि उसे कौन सी ज़िंदगी जीनी है। और मेरा मानना है कि बाइबिल यही कहती है: "बच्चे को उस रास्ते पर चलना सिखाओ जिस पर उसे चलना चाहिए और जब वह बड़ा होगा तो वह उससे नहीं हटेगा।" आप मानेंगे कि किसी भी बच्चे के दिल के सबसे करीब और प्यारी इंसान उसकी माँ होती है। अनाथ बच्चा एक बदनसीब बच्चा होता

है और माता-पिता वाले बच्चों की तुलना में शैतान के हमलों का ज़्यादा शिकार होता है। माँ शरीर और आत्मा की रक्षा करती है लेकिन यह दोहरी दुखद घटना तब बन जाती है जब माता-पिता दोनों खो जाते हैं और वह भी सबसे रहस्यमयी हालात में।

(सांस्कृतिक संदर्भ: कई अफ्रीकी गांवों में, अनाथ बच्चों को जादू-टोने के आरोपों या आध्यात्मिक हमले का आसान निशाना माना जाता है, क्योंकि उनके पास सुरक्षा और विरासत की सुरक्षा नहीं होती।)

मेरी कहानी 22 साल पहले **अमेरी नाम के एक छोटे से गांव से शुरू हुई थी। इरीगबू इमो स्टेट के बेंडे लोकल गवर्नमेंट अथॉरिटी** में **ओज़ू आइटम** । मेरे माता-पिता अमीर लोगों में नहीं गिने जाते थे, लेकिन मेरे पापा को मेरे दादाजी से 42 हेक्टेयर ज़मीन विरासत में मिली थी, यह एक ऐसी खुशकिस्मती थी जो आज परिवार के इतिहास में सबसे बड़ी मुसीबत लेकर आई है। मेरे पापा से उनके दूर और पास के रिश्तेदार बहुत जलते थे, मुझे नहीं पता क्यों, शायद उनकी विरासत में मिली बहुत सारी ज़मीन की वजह से।

(ज्योग्राफिकल नोट: इमो स्टेट बाद में बंट गया, जिससे बेंडे आज के अबिया स्टेट में आ गया। यह इलाका गहरी पारिवारिक विरासत और ज़मीन की दुश्मनी के लिए जाना जाता है, जो कभी-कभी रहस्यमयी बदला लेने की प्रैक्टिस में बदल जाती है।)

हम एक खुशहाल परिवार थे, मेरे माता-पिता के हम चार बच्चे थे: लव, मार्गरेट, इमैनुएल और चिनयेरे। पहली दो बेटियों के बाद, मेरे

माता-पिता ने 14 साल तक इंतज़ार किया, फिर मेरे (इकलौते बेटे) और बाद में मेरी छोटी बहन चिनयेरे का जन्म हुआ। इससे परिवार में असली खुशी आई, लेकिन यह खुशी ज़्यादा दिन नहीं रही क्योंकि पहली दुखद घटना घटी। मेरी प्यारी और देखभाल करने वाली माँ की मौत हो गई। कहा जाता है कि उनकी मौत जादू-टोने की वजह से हुई थी, और चार साल बाद मेरे पिता की भी मौत हो गई, फिर से उनके खिलाफ़ कथित तौर पर जूजू के काम की वजह से। माता-पिता दोनों की मौत के दो साल बाद मेरी सबसे बड़ी बहन, लव, रहस्यमय तरीके से गायब हो गई और मेरे माता-पिता की दूसरी बेटी मार्गरेट पागल हो गई। यह एक आम और खुशहाल परिवार की ज़िंदगी में दुखद घटनाओं का सिलसिला था।

(आध्यात्मिक चिंतन: पीढ़ी दर पीढ़ी जलन और ज़मीन को श्राप देना शैतानी हमले के आम एंट्री पॉइंट हैं– याकूब 3:16 "क्योंकि जहाँ जलन और स्वार्थी इच्छा होती है, वहाँ गड़बड़ी और हर तरह का बुरा काम होता है।")

मेरी छोटी बहन चिनयेरे और मुझे हमारे दादा-दादी के पास भेज दिया गया। वहाँ मैंने अपनी शुरुआती पढ़ाई पूरी की और बाद में आइटम हाई स्कूल में एडमिशन ले लिया। मैं क्लास III तक पढ़ा और फीस वगैरह के लिए पैसे न होने की वजह से स्कूल छोड़ दिया। उसके कुछ समय बाद, मेरे दादा-दादी भी गुज़र गए। दफ़नाने की सभी रस्मों के बाद, एक अनजान रिश्तेदार मेरी छोटी बहन चिनयेरे को ले आया, और आज तक मुझे उसका पता नहीं है। बहुत बुरे बर्ताव की वजह से मुझे 13 साल की उम्र में अपने

पिता के घर वापस जाना पड़ा, और वहाँ अकेले रहना पड़ा। 13 साल का बच्चा अपने पिता के दुश्मनों और फिर अपने ही दुश्मनों के बीच कैसे अपना पेट भरता है? मैं कितना डरा हुआ था! इन घटनाओं ने मुझे एक अच्छी ज़िंदगी के आखिर में पहुँचा दिया था। क्या कोई था जिसे परवाह थी? क्या कोई था जिसे "एक छोटे लड़के की बदकिस्मती" की चिंता थी?

(साइकोलॉजिकल नोट: दुश्मनी में कम उम्र में अनाथ होना, रिजेक्शन और डर की गहरी भावना पैदा करता है, जिसका दुश्मन बाद में सुरक्षा और ताकत के झूठे ऑफ़र देकर फ़ायदा उठाता है।)

एक दिन मैं अपने एक दोस्त से मिला जिसे मैं अपने एलिमेंट्री स्कूल के दिनों से जानता था, जिसका नाम **चिनेडम था। ओनवुकवे** . चिनेडम मुझसे बहुत प्यार करता था और जब उसने सारी बातें सुनीं तो मुझे अपने माता-पिता के पास ले गया, जिन्होंने मुझे खुशी-खुशी अपना लिया और अपने दूसरे बेटे की तरह अपनाया। ज़िंदगी फिर से नॉर्मल हो गई। मेरी अच्छी देखभाल होने लगी। मैं फिर से खुश था: तब मुझे पता चला कि जिस भगवान से मेरी माँ ज़िंदा रहते हुए प्रार्थना करती थी, वह कहीं ज़िंदा है, इसलिए उसने मुझे नए माता-पिता दिए हैं, ऐसा मैंने मन में सोचा। मैंने लगभग दो साल तक इस अच्छाई का मज़ा लिया और फिर शैतान ने फिर हमला कर दिया।

चिनेडम और उसके माता-पिता उमुआहिया जा रहे थे और उनकी कार लेटराइट ले जा रहे एक टिपर से टकरा गई। चिनेडम और

उसके माता-पिता की मौके पर ही मौत हो गई! खबर सुनते ही मैं गिर पड़ा। मेरे दुख का अंदाज़ा इससे बेहतर लगाया जा सकता है। मैं दफ़नाने की रस्म तक ज़िंदा रहा, खाना बनाने वालों को जलाने के लिए लकड़ी दी और काम निपटाए: जिसके आखिर में मैं अपने पिता के घर वापस गया और पेट पालने के लिए छोटे-मोटे काम फिर से शुरू कर दिए।

(एडिटर की राय: बार-बार नुकसान होने से एक ट्रॉमा लूप बनता है, जिसका गलत ताकतें अक्सर कड़वाहट या बदला लेने की इच्छा से किसी आत्मा को अपने अंदर शामिल करने के लिए फायदा उठाती हैं।)

मैं खेत में, बगीचों में, बड़ों के साथ मछली पकड़ने जाता रहा, फिर एक दिन मेरे कंपाउंड के एक आदमी ने मुझे 50 k में अपने खेत में काम पर रख लिया। खेत में उसने मुझसे कई सवाल पूछे। पहले, उसने मुझसे मेरे पिता की ज़मीन दिखाने को कहा; दूसरा, ऐसी ज़मीन किसी ऐसे आदमी को देने को कहा, चाहे वह कितना भी करीबी रिश्तेदार क्यों न हो। दोनों ही मामलों में मैंने एतराज़ किया और वह नाराज़ हो गया। फिर उसने जंगल में मुझे मार डालने की कसम खाई। मैं डर गया और भागा और मदद के लिए चिल्लाया। बदकिस्मती से, क्योंकि इलाका घने जंगल में बहुत अंदर था, कोई नहीं आया, बस भगवान ने मदद की। उसने चाकू लेकर मेरा पीछा किया लेकिन छोटा होने के कारण मैं उससे बहुत तेज़ था और लगभग 1.82 मीटर गहरे गड्ढे में गिर गया और उसमें घास से ढक गया। उसने मुझे ढूंढा और थोड़ी देर बाद उसने हार मान ली।

बाद में मैं मुश्किल से गड्ढे से बाहर निकला और दूसरे रास्ते से गाँव लौट आया। मैंने कंपाउंड के बड़ों को इस घटना के बारे में बताया लेकिन कोई कार्रवाई नहीं हुई – अनाथों की आम हालत।

*(**ऐतिहासिक नोट:** 1970 **के दशक में नाइजीरिया में** 50 **कोबो एक नाइरा का आधा था – जो आज के दस** US **सेंट से भी कम है – जो उस समय की गरीबी का पैमाना दिखाता है।**)*

इस घटना ने मेरे छोटे दिल में सच में नफ़रत पैदा कर दी; कोई मुझसे प्यार नहीं करता था, किसी को मेरी परवाह नहीं थी। मैंने मन में सोचा कि कोई मुझे क्यों मारना चाहेगा, जबकि मेरे माता-पिता नहीं हैं। ज़िंदगी दुखों से भरी थी। अब मुझे पता है कि भगवान ने अपने प्यार से शैतान को मुझे सुसाइड करने का सुझाव देने से रोक दिया।

मैंने चर्च की तरफ रुख किया और अपने गाँव में असेंबलीज़ ऑफ़ गॉड चर्च का पूरा मेंबर बन गया (मैं अभी भी हूँ) लेकिन बदकिस्मती से किसी ने परवाह नहीं की, तब भी जब कुछ मेंबर मेरे बारे में जानते थे। यह ध्यान रखना ज़रूरी है कि मैं जीसस क्राइस्ट को जाने बिना चर्च का पूरा मेंबर बन गया था। मुझे कभी नहीं पता था कि दोबारा जन्म लेने का क्या मतलब है। अगर आप जीसस क्राइस्ट के चर्च में हैं और खुद को मेरी जैसी हालत में पाते हैं, तो अपनी ज़िंदगी प्रभु जीसस क्राइस्ट को सौंप दें। धर्मग्रंथ कहता है: "हमारी सारी चिंताएँ और परवाहें उसी पर छोड़ दो,

क्योंकि वह हमेशा तुम्हारे बारे में सोचता रहता है और तुम्हारी हर बात पर नज़र रखता है" (1 पीटर 5: 7 – लिविंग न्यू टेस्टामेंट)।

(सिद्धांत संबंधी टिप्पणी: चर्च की सदस्यता मुक्ति नहीं है। मुक्ति मसीह में विश्वास के माध्यम से एक व्यक्तिगत पुनर्जन्म है– यूहन्ना 3: 3–7.)

इन सारी मुश्किलों और तकलीफों के बीच एलिस आई! एलिस एक लड़की थी जिसे मैं अपने एलिमेंट्री स्कूल के दिनों से जानता था। वह मुझसे पाँच साल बड़ी थी और उसी गाँव की थी। हम एक ही क्लास में थे, एक ही बेंच पर बैठते थे और बहुत अच्छे दोस्त बन गए थे। बचपन के इस 'लव' अफेयर के साथ, हमने बड़े होने पर 'शादी' करने का वादा किया था। मज़ाकिया! तब 11 साल की बच्ची, बिना माँ-बाप के, बिना पढ़ाई के, खाने को कुछ नहीं, उसने अपने से पाँच साल बड़ी लड़की से शादी का वादा किया! एलिस बाद में अपनी सेकेंडरी एजुकेशन के लिए अकुरे चली गई और मुझे दर्जनों 'लव' लेटर भेजे।

अगली बार जब मैं एलिस से मिला, तब मैं 15 साल का था और वह 20 साल की थी। उसने अपनी सेकेंडरी स्कूल की पढ़ाई पूरी कर ली थी और स्टैंडर्ड बैंक लागोस (अब फर्स्ट बैंक) में काम कर रही थी, जहाँ उसके माता-पिता रहते थे।

एलिस को मेरा बैकग्राउंड और मेरी हालत पता थी, इसलिए उसने इसका फ़ायदा उठाया। उसने मुझे लागोस में उसके साथ आने को कहा और मुझे अपने घर का पता N50 (नाइरा: नाइजीरिया की

नेशनल करेंसी) के साथ दिया! यह 15 साल के एक छोटे लड़के के लिए बहुत बड़ी खुशकिस्मती थी, जिसने कभी एक दिन में N2 भी नहीं कमाया था! यह स्वर्ग से मिला मन्ना था और इसका मतलब था कि लागोस ज़रूर एक शानदार जगह होगी जहाँ बहुत सारा पैसा होगा और ज़िंदगी की अच्छी चीज़ें सभी के मज़े के लिए होंगी। तो मुझे भी अपना पैसा बनाने और अमीर बनने के लिए लागोस जाना होगा। मेरे हिसाब से लागोस जाना ही मेरे बचने का एकमात्र तरीका था। अपने पिता के दुश्मनों से बचना, अपने दुश्मनों से बचना, भूख और अपनी सारी परेशानियों से बचना। बचना! बचना! हाँ, हर बुराई से बचना!!!

(एडिटर की राय: इस पूरी गवाही में "भागना" एक आध्यात्मिक विषय बन जाता है — इंसानियत दर्द से भागने की पुकार, और फिर यह पता चलता है कि मसीह के बिना आज़ादी और गहरे बंधन में ले जाती है। सच्चा छुटकारा सिर्फ़ यीशु मसीह में ही मिलता है।)

अध्याय 1 से मुक्ति की कुंजियाँ

- आपके जीवन के लिए परमेश्वर की योजना दुखद घटना के बाद भी बनी रहती है।
- कड़वाहट बंधन का दरवाज़ा खोलती है; माफ़ी आज़ादी का दरवाज़ा खोलती है।

- पुनर्जन्म के बिना चर्च में जाने से कोई सुरक्षा नहीं मिलती।
- मसीह से बाहर "भागने" का हर प्रयास शत्रु का जाल बन जाता है।

चिंतन की प्रार्थना

प्रभु यीशु, दुख में भी मुझे कभी न छोड़ने के लिए आपका धन्यवाद। मैं हर छिपे हुए दर्द, हर डर और आपके बिना भागने की हर कोशिश को छोड़ देता हूँ। मुझे हर पीढ़ी के श्राप से छुड़ाओ और मुझे अपने मकसद की ओर ले चलो। आमीन।

अध्याय 2 – दीक्षा

(2025 एक्सपैंडेड एडिशन – छोटी टिप्पणियाँ)

« एक रास्ता ऐसा भी है जो इंसान को सही
लगता है , लेकिन उसका अंत मौत का रास्ता है। » नीतिवचन
14:12 « लेकिन बुरे लोग अशांत समुद्र की तरह होते हैं, जो शांत नहीं हो सकता, जिसका पानी कीचड़ और गंदगी को ऊपर उठाता है। मेरे भगवान ने बुरे लोगों से कहा, कोई शांति नहीं है। » यशायाह 57: 20-21

(अंतर्दृष्टि: ये आयतें इस चैप्टर को फ्रेम करती हैं— जो मसीह के बाहर "मदद" और "आज़ादी" जैसा दिखता है, वह गुलामी और अशांति का एक गलियारा है। देखें यूहन्ना 8:44; यूहन्ना 10:10.)

और जीसस क्राइस्ट के बाहर ज़िंदगी ठीक वैसी ही है जैसा ऊपर दिए गए धर्मग्रंथों में बताया गया है। मैं N50 और एलिस का दिया पता लेकर अपने गाँव से निकला, आज़ादी, आज़ादी, मज़े और इन सबसे जुड़ी हर चीज़ की तरफ़ भागा: लेकिन जैसा कि आप बाद में देखेंगे, यह उससे बहुत दूर था जो मैंने अपने छोटे दिल में सोचा था। जब मैं लागोस पहुँचा, तो यह मेरी नज़रों में बहुत सुंदर था और मैंने इसकी तुलना स्वर्ग से की, चाहे स्वर्ग कैसा भी हो। मैंने वे सभी ऊँची और सुंदर इमारतें देखीं और हर चेहरे पर मुझे खुशी दिख रही थी (ऐसा मैंने सोचा)। लोग बहुत बिज़ी लग रहे थे, हर

कोई अपने काम में लगा हुआ था। मैं बहुत उत्साहित था और मैंने खुद से कहा, "अब मुझे पता है कि मैं आज़ाद हूँ!

(ऐतिहासिक नोट: 1970 के दशक के आखिर में, लागोस— जो उस समय नाइजीरिया की राजधानी थी— ने खुशहाली और मॉडर्निटी का वादा किया था। गांव के कई युवा वहां चले गए, जिससे यह शहर चर्चों और गुप्त रहस्यमयी समाजों, दोनों के लिए एक हॉटस्पॉट बन गया।)

मैं विक्टोरिया आइलैंड के अकिंतोला रोड पर पहुँचा और एलिस और उसके माता-पिता ने मेरा अच्छे से स्वागत किया। माता-पिता मुझे और मेरे बैकग्राउंड को जानते थे क्योंकि हम एक ही गाँव से थे, लेकिन उन्हें उनकी बेटी के साथ मेरे रिश्ते के बारे में कभी नहीं पता था। फिर एलिस ने मुझे उनसे एक ऐसे आदमी के तौर पर मिलवाया जिससे उसने शादी करने के लिए 'चुना' है। माता-पिता हैरान रह गए, लेकिन उससे कुछ बातचीत के बाद, इस शर्त पर मान गए कि वे मेरी आगे की पढ़ाई करवाएँगे। एलिस ने उनका ऑफर मना कर दिया और रिक्वेस्ट की कि मुझे उसके अपने फ्लैट में उसके साथ रहने दिया जाए। माता-पिता यह बात नहीं मान सके, लेकिन उसने ज़ोर दिया। चार दिनों तक उनकी ज़ोरदार बहस हुई और किसी अनजान असर में आकर वे मान गए और मैं एलिस के साथ रहने चला गया।

(समझने का संकेत: जोड़-तोड़ वाला दबाव + "बिना किसी वजह के असर" आध्यात्मिक कंट्रोल के क्लासिक संकेत हैं। गलातियों 3:1; 2 कुरिन्थियों 11:3 देखें।)

एलिस, एक बहुत खूबसूरत लड़की, ने मुझे बताया कि वह स्टैंडर्ड बैंक में अकाउंटेंट है और वह मुझे अमीर बना देगी और इस ज़िंदगी में मुझे जो कुछ भी चाहिए वह सब देगी और कहा: "बस सेटल हो जाओ और मज़े करो!" लागोस के बारे में मेरा पहला इंप्रेशन आखिरकार सच था; कुछ महीने पहले मैं एक छोटे से गाँव में एक छोटी सी झोपड़ी में था जो नफ़रत, भुखमरी और दुख से घिरा हुआ था और यहाँ मैं एक बड़े शहर में, एक अच्छे से फर्निश्ड फ्लैट में एक खूबसूरत 'पत्नी' के साथ रह रहा हूँ जिसने मुझे ज़िंदगी में जो कुछ भी मिल सकता है वह सब देने का वादा किया था। उसने मुझ पर तोहफ़े, पैसे, कपड़े, 'प्यार' वगैरह बरसाए। मुझे कभी नहीं पता था कि दुनिया इन 'अच्छी चीज़ों' से भरी हुई है । शैतान सच में एक धोखेबाज़ है! धर्मग्रंथ सही कहता है: "चोर सिर्फ़ चोरी करने, मारने और खत्म करने आता है। सिर्फ़ इंसान का बेटा (यीशु मसीह) ही ज़िंदगी दे सकता है और उसे और भी ज़्यादा दे सकता है3" (यूहन्ना 10:10)। प्रिय पाठक, शैतान के पास कोई मुफ़्त तोहफ़ा नहीं है! वह आपको जो कुछ भी देता है वह आपकी आत्मा के बदले में होता है। यह खुशी की हालत ज़्यादा देर तक नहीं रही, क्योंकि तीन महीने बाद अजीब चीज़ें होने लगीं।

***(आध्यात्मिक नियमः शैतान के "तोहफ़े" कर्ज़ (बंधन) पैदा करते हैं। यीशु का तोहफ़ा आज़ादी (कृपा) पैदा करता है। रोमियों** 6:23; **इफिसियों** 2:8–9.)*

रहस्यमय अनुभव

एक रात, मैं आधी रात को उठा और अपने पास एक बोआ-कॉन्स्ट्रिक्टर को पाया। मैं चिल्लाना चाहता था लेकिन चिल्ला नहीं सका। कुछ रातों को, मैं जागता तो एलिस का शरीर सेलोफेन बैग जितना ट्रांसपेरेंट देखता। कुछ रातों को, वह गायब हो जाती और फिर दिखाई देती। कुछ रातों को मुझे लिविंग रूम में अजीब आवाज़ें या नाचने की आवाज़ें सुनाई देतीं वगैरह। मैं अब इन डरावनी घटनाओं को और बर्दाश्त नहीं कर सकता था इसलिए मैंने उससे पूछने का फैसला किया, और पहला रिएक्शन हिंसा और गंभीर चेतावनी थी। उसने कहा: "मुझसे यह सवाल दोबारा मत पूछना वरना मैं तुमसे निपट लूँगी।"

***(दिखावे: पैरालिसिस, आकार बदलने वाले भ्रम, और पोल्टरजिस्ट एक्टिविटी शैतानी ज़ुल्म में आम हैं। ल्यूक** 4:33–36; **मार्क** 9:17–27.)*

तब से मुझे पता चल गया था कि मेरी जान खतरे में है। तब मुझे गाँव में जो दुख-तकलीफ़ें थीं, वो मुझे पता चलने से ज़्यादा पसंद थीं। मैं उससे डरने लगा था। दो दिन बीत गए और वह मुस्कान, तोहफ़े लेकर आई और मुझे गले लगा लिया। उसने मुझे बताया कि वह मुझसे कितना प्यार करती है और मेरी कितनी परवाह

करती है और मुझे हिम्मत दी कि मैं डरूँ नहीं और बाद में मुझे सब कुछ समझाने का वादा किया। वह मुझे एक नाइट क्लब ले गई और वहाँ उसने मुझे अमीर बनाने वगैरह के अपने वादे की याद दिलाई, और मुझसे कहा: "एक दिन तुम वो सब जान जाओगे जो मैं जानती हूँ!" हम वापस आ गए और हमारे बीच ज़िंदगी नॉर्मल चलने लगी। अंदर से मुझे पता था कि मैं खतरे में हूँ, लेकिन मैं कैसे बच सकता था और कहाँ भाग सकता था? यहाँ यह ध्यान रखना ज़रूरी है कि एलिस के माता-पिता को नहीं पता था कि उनकी बेटी, हालाँकि छोटी थी, लेकिन जादू-टोने और अध्यात्म में सीरियसली शामिल थी और उसने मुझे सीरियसली चेतावनी दी कि अगर मुझे अपनी ज़िंदगी से प्यार है तो मैं उन्हें कभी न बताऊँ। प्रिय रीडर, क्या आप सोच सकते हैं, एक 20 साल की लड़की ये सब कर सकती है? बाहर की दुनिया उसे एक बहुत सुंदर और मासूम लड़की के तौर पर देखती थी जो एक बड़े बैंक में काम करती थी, लेकिन वह शैतान की एजेंट थी। आज दुनिया में बहुत सारी एलिस हैं, जैसा कि आपको इस किताब में आगे पता चलेगा।

(परिवारों के लिए चेतावनी: राज़ रखना + डर की धमकियाँ ("मत बताना वरना") खतरे की घंटी हैं। माता-पिता/अभिभावक— आत्मिक और व्यावहारिक रूप से सतर्क रहें। 1 पतरस 5:8.)

एक भयावह खोज

एक दिन, उसके काम पर जाने के बाद, मैंने फ्लैट की तलाशी लेने का फैसला किया। वह जितनी छोटी थी, फ्लैट अच्छी तरह से सुसज्जित था। उसके पास चार रेफ्रिजरेटर थे और एक को खोलने

पर, मैंने मानव खोपड़ियाँ, मानव शरीर के विभिन्न भाग, ताज़ा और सूखे, देखे। छत के अंदर कंकाल थे। कमरों में से एक के दूसरे कोने में मैंने देखा (जिसे मैं बाद में एक 'चैंबर' के रूप में जानता था) खून से भरा एक पानी का बर्तन और बर्तन के केंद्र में एक छोटा पेड़ , एक कलश और उसके पास एक लाल कपड़ा। मैं आगे नहीं बढ़ सका। अब मुझे पता था कि मैं एक मृत व्यक्ति था और चूंकि मेरे पास भागने की कोई जगह नहीं थी। मैंने अपना जीवन जो भी हो, जीवन या मृत्यु के लिए समर्पित कर दिया और चुप रहे। ऐलिस काम से वापस आई और जिस तरह से उसने मुझे देखा, मुझे पता था कि उसके कार्यालय में ही उसे पता था कि मैं घर में क्या करता हूँ।

(गुप्त तकनीक: "जीवित पेड़ के साथ खून का बर्तन" = भोजन कराने/समझौतों को नया करने के लिए वेदी। कलबाश/लाल कपड़ा= अनुष्ठान के बर्तन/मुहरें। यहेजकेल 8; भजन 16:4.)

रहस्यमयी दुनिया से सामना

अगले दिन उसने मुझसे एक मीटिंग में आने के लिए कहा। मैं पहले से ही बंदी था और मेरे पास कोई चारा नहीं था। हम लागोस के बाहरी इलाके में एक बहुत बड़ी बिल्डिंग में गए। पहुँचने पर (बिल्डिंग में एक अंडरग्राउंड कॉन्फ्रेंस हॉल था), एलिस ने मुझे पीछे से अंदर जाने का ऑर्डर दिया। मैंने उनकी बात मानी और पीठ करके अंदर गया, उसने भी वैसा ही किया। हॉल इतना बड़ा था कि लगभग 500 जवान लड़के और लड़कियाँ एक घेरे में बैठे थे, और उनके ऊपर एक आदमी बैठा था जिसका सिर्फ़ सिर दिख रहा था

और शरीर नहीं था, वह लीडर था। इनमें से कुछ जवान लोग स्टूडेंट, अंडरग्रेजुएट, ग्रेजुएट, टीचर वगैरह थे। एलिस ने दीवार पर एक बटन दबाया और ज़मीन से एक सीट निकल आई और मैं बैठ गया। उसने भी ऐसा ही किया और उसके लिए एक और सीट निकल आई और वह बैठ गई। उसने मुझे एक नए मेंबर के तौर पर लोगों से मिलवाया और उन्होंने तालियाँ बजाकर मेरा स्वागत किया। इसके नतीजे में एलिस को प्रमोट कर दिया गया। मीटिंग में उन्होंने जो कुछ भी डिस्कस किया, वह मुझे कभी समझ नहीं आया। मीटिंग के आखिर में और जब हम जाने वाले थे, तो लीडर ने मुझे अगले दिन अकेले वापस आने के लिए कहा। यह रहस्यमयी दुनिया से मेरा पहला सामना था।

***(नोट: पीछे की एंट्री उलटी एंट्री की नकल करती है— जानबूझकर भगवान के आदेश को उलटना। यशायाह** 5:20; 2 **थिस्सलुनीकियों** 2:9–10.)*

उसी रात, सुबह 2.00 बजे (और यह अंधेरे की सभी ताकतों और उनके एजेंटों की मीटिंग और खतरनाक ऑपरेशन का आम समय है), एलिस ने मुझे जगाया और मुझे कुछ बातें बताईं। उसने कहा: "मैं कोई आम इंसान नहीं हूँ। मैं आधी इंसान और आधी आत्मा हूँ, लेकिन ज़्यादातर आत्मा हूँ।
जो तुम मेरे कमरे में देखते हो, मैं हर सुबह अपनी प्रार्थना के दौरान उसका इस्तेमाल करती हूँ, ताकि आत्माएँ मुझे पूरे दिन रास्ता दिखा सकें। जहाँ तक कंकालों की बात है, मैं तुम्हें बाद में बताऊँगी।"

(समयः सुबह 12–3 बजे अक्सर जादू-टोने की गतिविधियों के लिए टारगेट किया जाता है। विश्वासी ध्यान से प्रार्थना करके इसका जवाब देते हैं— लूका 6:12; प्रेरितों के काम 16:25.)

मैंने एक शब्द भी नहीं कहा। वह मेरे पढ़ने के लिए दुनिया के रहस्यों पर कुछ किताबें लाईं, और अपने जिज्ञासु मन से मैंने उन्हें पढ़ने का फैसला किया। जल्द ही मुझे उनमें दिलचस्पी हो गई और तुरंत उसने देखा कि मुझे अब दिलचस्पी है। मुझे पता नहीं था कि उसने मेरा नाम भारत में एक गुप्त सोसाइटी में भेज दिया। जैसा कि पहले बताया गया था, अगले दिन मैं अकेले सोसाइटी वापस गया और वहाँ नौ अन्य लोगों और कुछ गवाहों से मिला। हमें दीक्षा दी जानी थी। हमें हॉल के बीच में बुलाया गया और हमें ये चीज़ें दी गईं:

1. हमारे शरीर पर पुट्टी जैसा एक मिश्रण रगड़ा गया। इससे आप पूरे सदस्य बन जाते हैं।
2. हमें तेल जैसे लिक्विड का एक गिलास शॉट पीने के लिए दिया गया। यह आपको एजेंट बनने के लिए क्वालिफ़ाई करता है।
3. हमारे सिर पर बारूद जैसी चीज़ मली गई। इससे आप उनके रहस्यों को पढ़ने के काबिल हो जाते हैं।

   मुझे यह भी नहीं पता था कि यह दीक्षा समारोह भारत में रिकॉर्ड किया जा रहा था और अगले दिन मुझे उनका एक लेटर मिला। लेटर में मुझे बताया गया था कि मैं उस लेटर को अपने खून से रंग दूं और पोस्ट ऑफिस से नहीं, बल्कि

उनके बताए तरीके से उन्हें वापस पोस्ट कर दूं। मैंने वही किया। इस पॉइंट से, पीछे मुड़ने का कोई रास्ता नहीं था; पीछे मुड़ने का मतलब मौत था, जैसा कि हमेशा याद दिलाया जाता था और मुझे पता था कि मेरे लिए अब कोई उम्मीद नहीं है।

(आध्यात्मिक कानून: खून से साइन किए गए डॉक्यूमेंट आत्मा में कानूनी दावों के तौर पर काम करते हैं। सिर्फ़ यीशु का खून ही ऐसे दावों को रद्द करता है। कुलुस्सियों 2:14–15; इब्रानियों 9:14.)

ऐलिस के साथ वाचा

एक सुबह-सुबह उसने मुझे बताया कि घर में एक महत्वपूर्ण समारोह किया जाना है। सुबह 2 बजे वह एक रेंगने वाले बच्चे, एक लड़की को, जीवित लाई। मेरी आँखों के सामने, ऐलिस ने अपनी उंगलियों का उपयोग किया और बच्चे की आँखें निकाल लीं। उस बच्चे के रोने से मेरा दिल टूट गया। फिर उसने बच्चे को टुकड़ों में मार डाला और खून और मांस दोनों को एक ट्रे में डाला और मुझे खाने के लिए कहा। मैंने मना कर दिया। उसने सीधे मेरी ओर देखा और उसकी आँखों से जो निकला उसे लिखकर नहीं बताया जा सकता। इससे पहले कि मैं समझ पाता कि क्या हो रहा है, मैं न केवल मांस चबा रहा था बल्कि खून भी चाट रहा था। जब यह हो रहा था तो उसने कहा: "यह हमारे बीच एक वाचा है, तुम कभी भी मुझे जो कुछ भी करते हुए या मेरे बारे में कुछ भी करते हुए देखोगे, उसे पृथ्वी पर किसी भी इंसान से नहीं कहोगे। जिस दिन तुम यह वाचा तोड़ोगे

(पादरी की देखभाल: यह हिस्सा दर्दनाक है। अगर आप पढ़ रहे हैं और शॉक या दुख महसूस कर रहे हैं, तो रुकें और भजन 91; फिलिप्पियों 4:7 के लिए प्रार्थना करें। ट्रॉमा मसीह की शांति के आगे हार मान लेता है।)

इस घटना के बाद मेरे अंदर अजीब सी फीलिंग्स होने लगीं। मैं बदल गई थी और अब खुद पर कंट्रोल नहीं कर पा रही थी। मांओं के लिए एक चेतावनी। क्या आप अपने हाउस हेल्प्स को जानती हैं? उसका बैकग्राउंड कैसा है? क्या आप अपने बच्चों वगैरह की ज़िंदगी उसे सौंपने से पहले उसके बारे में सब कुछ जानना चाहती हैं? आप पूछ सकती हैं कि एलिस को वह छोटा बच्चा कैसे मिला जिसे उसने मार डाला । इसलिए पेरेंट्स, अपने हाउस हेल्प्स का बैकग्राउंड जान लें।

(शेफर्डिंग नोट: वेट केयरगिवर्स; अकाउंटेबिलिटी बनाए रखें; अपने घर के लिए रोज़ प्रार्थना करें। अय्यूब 1:5; भजन 127:1.)

जब एलिस ने देखा कि वह मुझे पूरी तरह से SPIRITISM में शामिल करने में कामयाब हो गई है और उसमें तेज़ी से आगे बढ़ रही है, तो वह खुश हुई और जान गई कि उसका मकसद पूरा हो गया है। उसने मेरे लिए एक फ्लैट ढूंढा, उसे सजाने में मदद की और उसके बाद रिश्ता तोड़ दिया।

(टैक्टिक: एक बार बॉन्डेज पक्का हो जाने के बाद, हैंडलर अक्सर रिक्रूट को "रिलीज़" कर देते हैं ताकि दूसरी जगहों पर असर का जाल और गहरा हो सके।)

भारत में वादा

दिल्ली, भारत की सोसाइटी ने मुझे एक दूसरा लेटर भेजा जिसमें मुझे भारत आने के लिए कहा गया था। उसमें भी मुझे ये करने के लिए कहा गया था: "मल खाना, सड़ते हुए बदबूदार चूहे खाना, और रात में कब्रिस्तान में आत्माओं के साथ सेक्स करना।" ऊपर बताई गई बातें पूरी करने के बाद मैं दुनिया में किसी भी औरत के साथ कभी सेक्स नहीं करने के लिए तैयार था। मैंने उनके लेटर का जवाब भेजा और बताया कि मेरे पास वीज़ा नहीं है और न ही मुझे पता है कि भारत कैसे आना है। इस समय मैंने 'बिज़नेस' करना शुरू कर दिया था। मैं एक सीरियस स्मगलर था लेकिन मेरे पीछे इन ताकतों की वजह से मुझे कस्टम वगैरह से कोई परेशानी नहीं हुई।

(गिरावट के रीति-रिवाज: शैतानी वादे अक्सर इंसान में भगवान की छवि को खराब करने और नैचुरल प्यार को खत्म करने के लिए अपवित्र कामों की मांग करते हैं। रोमियों 1:24–28.)

मेरे पास बहुत सारा पैसा होने लगा, खाने-पीने और सामान की अब कोई कमी नहीं रही। एक दिन, मैंने अपना फ्लैट लॉक किया और बाहर चला गया; वापस आकर, मैंने दरवाज़ा खोला और देखा कि एक आदमी पार्लर में बैठा है। मैं डर गया। उसने कहा: "क्या तुम इमैनुएल एमोस नहीं हो?" मैंने कहा हाँ। उसने कहा: "मुझे तुम्हें इंडिया से लेने के लिए भेजा गया है, इसलिए तैयार हो जाओ।" मैंने सब जगह लॉक किया, जाकर उसके पास कुशन पर बैठ गया और अगले ऑर्डर के लिए तैयार हो गया। लेकिन बिजली

की तरह, उसने मुझे छुआ और हम गायब हो गए।
अगली जगह जहाँ मैंने खुद को देखा, वह इंडिया में दिल्ली के एक बड़े कॉन्फ्रेंस हॉल में था, जहाँ एक बड़ी भीड़ पहले से ही बैठी थी और हमारा स्वागत करने का इंतज़ार कर रही थी। वे फाइलें लाए जिन पर मेरा नाम पहले से लिखा था और मुझसे उसके पास साइन करने को कहा। मैंने किया। खून के बेसिन के साथ टुकड़ों में कटा हुआ इंसानी मांस से भरी एक ट्रे लाई गई। हर व्यक्ति को एक खाली जग दिया गया, फिर बिना सिर वाला एक आदमी घूम-घूमकर खून और मांस जगों में डालता रहा। अलग-अलग मोमबत्तियाँ और अगरबत्तियाँ भी जलाई जा रही थीं। बिना सिर वाले आदमी ने कुछ मंत्र पढ़े और सबने खून पी लिया और मांस खा लिया और मीटिंग खत्म हो गई।

***(नोट: नकली कम्यूनियन— खून/मांस की रस्में प्रभु भोज की नकल हैं, जो पूजा करने वालों को शैतानी "टेबल" से बांधती हैं।** 1 **कुरिन्थियों** 10:20–21.)*

भारत में दीक्षा
अब मेरी परीक्षा का समय आ गया था। मुझे लगभग 200 मीटर गहरी एक घाटी में भेजा गया। इसमें तरह-तरह के खतरनाक सरीसृप और जंगली जानवर थे। ये मुझे प्रताड़ित करने वाले थे। मुझे चिल्लाना नहीं था, क्योंकि अगर मैंने चिल्लाया, तो मैं परीक्षा में फेल हो जाऊंगा और नतीजा मौत होगी। सात दिनों की पीड़ा के बाद मुझे बाहर लाया गया और 'इंडिया जंगल' नामक स्थान पर भेज दिया गया।

इस जंगल में, मैंने विभिन्न प्रकार के राक्षसी पक्षियों को देखा; राक्षसी क्योंकि कुछ के चेहरे कुत्तों जैसे थे, कुछ बिल्लियों जैसे, आदि। फिर भी पंखों के साथ। इस जंगल के अंदर एक गुफा थी, और यह गुफा केवल इन राक्षसी पक्षियों द्वारा ही खोली जाती है। उन्होंने गुफा खोली और मैं अंदर चला गया। मैंने जो चीजें देखीं, उन्हें समझाना मुश्किल है। वहां भयानक जीव थे, कुछ इंसानों की तरह दिखते थे लेकिन पूंछ के साथ और बिना मानव चेहरे के, आदि। यह यातना का एक और स्थान था। वहां की यातना को सबसे अच्छे ढंग से अर्ध-नरक के रूप में वर्णित किया जा सकता है। मैं उस अवस्था में 7 दिनों तक रहा और फिर मुझे बाहर लाया गया। फिर मुझे एक बहुत बड़ी लाइब्रेरी में भेजा गया, जिसमें अध्ययन करने के लिए रहस्यवादी पुस्तकों की बड़ी मात्रा थी। बाद में मैंने दो किताबें चुनीं: एबिसिनिया , जिसका अर्थ है विनाश और अस्सिना , जिसका अर्थ है जीवन देना या इलाज करना। बाद में मुझे और किताबें दी गईं। मुझे निर्देश दिया गया कि जैसे ही मैं नाइजीरिया वापस आऊँ, एक कमरा बनाऊँ जिसमें ये चीज़ें हों: "मानव रक्त से भरा एक देशी पानी का बर्तन, अंदर एक जीवित पेड़, एक मानव खोपड़ी, गिद्ध के पंख, जंगली जानवरों की खाल, बोआ की खाल और बर्तन के पास एक बड़ा चमकदार लेटराइट ।" पानी के बर्तन के अंदर का खून हर सुबह एक मंत्र के साथ लेना है। मुझे यह भी निर्देश दिया गया था कि मैं कभी भी मनुष्यों द्वारा पकाया हुआ भोजन न खाऊँ, बल्कि मुझे अलौकिक रूप से भोजन दिया जाएगा। इन सभी निर्देशों के साथ मैं उसी रास्ते नाइजीरिया वापस आया जिस रास्ते से गया था, और सभी को पूरा किया।

(ध्यान दें: रहस्यमयी विद्या की लाइब्रेरी = अंधेरे के लिए शिष्य बनाने का सिस्टम। परमेश्वर का इलाज वचन और आत्मा है (इब्रानियों 4:12; यूहन्ना 16:13) ।)

नाइजीरिया में घर वापस आकर

मैं अब स्पिरिट वर्ल्ड का हिस्सा बन गया था और अपनी मर्ज़ी से दुनिया के किसी भी हिस्से में ट्रैवल कर सकता था। जो किताबें मैं लाया था, उनके हिसाब से स्पिरिट बीइंग स्पेस में रहते हैं। शायद वे मेरी पावर्स बढ़ा दें, इसलिए मैंने ट्राई करने का सोचा। मैं अपने घर से बाहर आया, कुछ मंत्र पढ़े और व्हर्ल विंड को बुलाया और गायब हो गया। मैंने खुद को स्पेस में पाया और इन स्पिरिट बीइंग्स को देखा। उन्होंने पूछा तुम्हें क्या चाहिए; मैंने उनसे कहा कि मुझे पावर्स चाहिए। उनसे पावर्स लेने के दो हफ़्ते बाद मैं धरती पर वापस आया। जैसा कि मैंने पहले कहा, अब मैं खुद पर कंट्रोल नहीं कर पा रहा था। इतनी सारी पावर्स मिलने के बाद भी, मुझे और भी ज़्यादा पावर्स चाहिए थीं! फिर मैंने मुझे दी गई किताबों में लिखी बात को साबित करने के लिए अंडरवर्ल्ड में जाने का फैसला किया। एक दिन मैं झाड़ियों में एक छिपी हुई जगह पर गया, किताबों में बताए अनुसार कुछ मंत्र पढ़े और ज़मीन को खुलने का कमांड दिया। ज़मीन खुल गई और डेविल्स ने तुरंत सीढ़ियाँ बना लीं। मैंने अंदर कदम रखा और सीधे ज़मीन के अंदर चला गया। वहाँ पूरा अंधेरा था जिसकी तुलना सिर्फ़ बाइबल में लिखी मिस्र में आई किसी एक विपत्ति से की जा सकती है। मैंने बहुत सी ऐसी चीज़ें देखीं जिन्हें समझाना मुश्किल है। मैंने लोगों को जंजीरों में जकड़ा हुआ देखा, लोगों को पैसा कमाने के लिए इस्तेमाल किया

जाता था - उनका काम दिन-रात काम करके अपने बंधक बनाने वालों को पैसे देना था। मैंने समाज के कुछ खास लोगों को देखा जो कुछ कुर्बानी देने आते थे और उस जगह को कंट्रोल करने वाली आत्माओं से मिले कुछ तोहफ़ों के साथ दुनिया में वापस चले जाते थे। मैंने कुछ चर्च लीडर्स को देखा जो ताकत के लिए आते थे, ऐसी बात कहने की ताकत जो चर्च में बिना सवाल किए मान ली जाए। मैं दो हफ़्ते तक रहा और और ताकतें मिलने के बाद वापस आ गया। लोगों ने मुझे जवान और मासूम समझा लेकिन कभी नहीं जाना कि मैं खतरनाक हूँ। आस-पास ऐसे बहुत से लोग हैं; सिर्फ़ ईसा मसीह में रहने वाले ही असल में सुरक्षित हैं।

***(गंभीर सच्चाई: धार्मिक नेताओं को भी ताकत से लालच दिया जा सकता है। परमेश्वर के सेवक की असली पहचान विनम्रता, पवित्रता और आत्मा का फल है। मैथ्यू** 7:15–23.)*

मेट्टा

बस-स्टॉप पर, मैंने एक जवान खूबसूरत औरत को खड़ा देखा। मैंने उससे एक शब्द भी नहीं कहा। अगले दिन गुजरते समय भी मैंने उसे उसी जगह पर देखा। तीसरे दिन मैंने उसे उसी जगह पर देखा और गुजरते समय उसने मुझे बुलाया। मैं रुका और अपना परिचय उसे इमैनुएल एमोस के रूप में दिया लेकिन उसने अपना परिचय देने से मना कर दिया। मैंने उसका नाम और पता पूछा लेकिन वह सिर्फ हंस दी। उसने मुझसे मेरा नाम पूछा और मैंने उसे सिर्फ गली बताई। जब मैं जाने वाला था, तो उसने कहा कि वह एक दिन मुझसे मिलने आएगी। मैंने मन में कहा, यह नामुमकिन है, मैंने

उसे अपने घर का नंबर नहीं दिया तो वह कैसे आ सकती है। लेकिन उसकी बात सच निकली, बस-स्टॉप पर उस मुलाकात के एक हफ्ते बाद मैंने अपने दरवाजे पर दस्तक सुनी। वह वहाँ थी, वह रहस्यमयी औरत! मैंने मन ही मन उसका स्वागत किया। (मैं सोच रहा था कि यह खूबसूरत औरत कौन है, और क्या उसे पता था कि वह खतरनाक रास्ते पर चल रही है?) मैंने उसकी मेहमाननवाज़ी की और वह चली गई। इस पहली मुलाकात के बाद, बिना किसी संबंध के उसका आना नियमित हो गया। मैंने देखा कि अपनी यात्राओं में वह एक खास समय का पालन करती थी, और एक मिनट भी पहले या बाद में नहीं आती थी! उसकी कुछ यात्राओं में मैं उसे लागोस बारबीच , या पैरामाउंट होटल या राजदूत होटल आदि में ले जाता था। इन सब दौरान , उसने अभी भी मुझे अपना नाम नहीं बताया। मैंने चिंता न करने का निर्णय लिया क्योंकि मुझे पता था कि संबंध इससे अधिक विकसित नहीं होंगे। मुझे पहले ही निर्देश दिया गया था कि कभी किसी महिला को न छूना चाहिए।

अचानक उसने दिन की यात्राओं को रात में बदल दिया। एक यात्रा के दौरान उसने मुझसे कहा: "अब आपके लिए मुझसे मिलने का समय हो गया है।" हम उस रात एक साथ रहे और अगले दिन सुबह 8 बजे हमने उड़ान भरी। हम एक बस में सवार हुए और उसने ड्राइवर से बारबीच पर रुकने के लिए कहा । जैसे ही हम रुके, मैंने उससे पूछा: "हम कहाँ जा रहे हैं?" उसने कहा: "चिंता मत करो, तुम मेरा घर जानने वाले हो।" वह मुझे बारबीच के एक कोने में ले गई हम पानी की सतह पर उड़ने लगे और सीधे समुद्र में पहुँच गए। प्रिय पाठक, ये सब मेरे शरीर में भी हुआ! एक जगह

हम समुद्र तल में डूब गए और मुझे हैरानी हुई कि मैंने हमें एक एक्सप्रेस वे पर चलते हुए देखा। हम एक ऐसे शहर में चले गए जहाँ बहुत सारे लोग बहुत बिज़ी थे।

(समुद्री क्षेत्र नोट: अलग-अलग इलाकों में गवाही में पानी के नीचे बसे शहरों और समझौतों के बारे में बताया गया है। धर्मग्रंथ में इलाके की ताकतों को माना गया है (यहेजकेल 29:3; मरकुस 5:10) ।)

स्पिरिट वर्ल्ड

मैंने प्रयोगशालाएँ देखीं, जैसे साइंस लैब, डिजाइनिंग लैब और एक थिएटर। शहर के पीछे, मैंने जवान खूबसूरत लड़कियों और खूबसूरत नौजवान लड़कों को देखा। कोई बूढ़े लोग नहीं। उसने मुझे उनसे परिचय कराया और मेरा स्वागत किया गया। वह मुझे "डार्करूम", "ड्राइंग रूम" और "पैकिंग रूम" जैसी जगहों पर ले गई। फिर वह मुझे एक मुख्य कारखाने और गोदाम में ले गई और फिर अपनी निजी हवेली में आ गई। वहाँ उसने मुझे बैठाया और मुझसे कहा: "मैं तट की रानी हूँ और आपके साथ काम करना बहुत चाहती हूँ। मैं आपको धन और उसके साथ जाने वाली सभी चीजें, सुरक्षा और उसके साथ जाने वाली सभी चीजें, जीवन और आपका मार्गदर्शन करने के लिए एक 'देवदूत' देने का वादा करती हूँ।" उसने एक बटन दबाया और एक ट्रे बाहर आई जिसमें मानव मांस (टुकड़ों में) था और हमने साथ में खाया। उसने एक बोआ को प्रकट होने का आदेश दिया और मुझे उसे निगलने के लिए कहा। मैं नहीं कर सका। उसने जोर दिया लेकिन मैं नहीं कर सका, मैं एक

जीवित बोआ को कैसे निगल सकता था। फिर उसने अपनी शक्तियों का इस्तेमाल किया और मैंने उसे निगल लिया। ये तीन वादे थे: इंसानी खून, बोआ और शैतानी फरिश्ता हमेशा यह पक्का करने के लिए मौजूद थे कि कोई राज़ न खुले। लेकिन 'फरिश्ते' को यह ताकत दी गई थी कि अगर मैं भटक जाऊं तो वह मुझे डिसिप्लिन में रखे और जब भी मैं धरती पर रहूं तो समुद्र से मेरे लिए खाना लाए। मैंने हमेशा उसकी बात मानने का वादा किया। इस वादे के बाद वह मुझे समुद्र के दूसरे हिस्से में ले गई, इस बार एक आइलैंड पर। वहां पेड़ थे और इन सभी पेड़ों का अलग-अलग काम था:

- जहर के लिए पेड़, - हत्या के लिए पेड़, - आह्वान के लिए पेड़, और - इलाज के लिए पेड़। उसने मुझे हिप्पोपोटामस, बोआ कंस्ट्रिक्टर और मगरमच्छ जैसे सभी तरह के समुद्री जानवरों में बदलने की शक्ति दी और फिर वह गायब हो गई। मैं एक हफ़्ते तक समुद्र में रहा और ऊपर बताए गए तरीकों में से एक (मगरमच्छ के रूप में) से मैं दुनिया में वापस आ गया।

(ध्यान दें: नकली "फ़रिश्ते" वादे लागू करते हैं (2 कुरिन्थियों 11:14) । मसीह के फ़रिश्ते मुक्ति और सुरक्षा देते हैं, कभी बंधन नहीं (इब्रानियों 1:14) ।)

अंडरवर्ल्ड लैबोरेटरीज

मैं एक हफ़्ते के लिए लागोस में रुका और फिर दो महीने के लिए

समुद्र के किनारे वापस चला गया। मैं साइंटिफिक लैबोरेटरीज में गया यह देखने के लिए कि क्या हो रहा है। मैंने देखा कि साइकेट्रिस्ट और साइंटिस्ट सभी बहुत सीरियसली काम कर रहे थे। इन साइंटिस्ट का काम है चमकदार कारें वगैरह जैसी खूबसूरत चीज़ें डिज़ाइन करना, लेटेस्ट हथियार और इस दुनिया के रहस्य को जानना। अगर दुनिया के पिलर को जानना मुमकिन होता तो वे जान सकते थे, लेकिन भगवान का शुक्र है, सिर्फ़ भगवान ही जानता है।

मैं डिज़ाइनिंग रूम में गया और वहाँ मैंने कपड़े, परफ्यूम और तरह-तरह के कॉस्मेटिक के कई सैंपल देखे। लूसिफ़र के अनुसार ये सभी चीज़ें इंसानों का ध्यान सर्वशक्तिमान भगवान से भटकाने के लिए हैं। मैंने इलेक्ट्रॉनिक्स, कंप्यूटर और अलार्म के अलग-अलग डिज़ाइन भी देखे। वहाँ एक टीवी भी था जहाँ से वे दुनिया में दोबारा जन्मे क्रिश्चियन लोगों को पहचानते थे। वहाँ आप देखते हैं और फर्क करते हैं कि कौन चर्च जाता है और कौन असली क्रिश्चियन है।

फिर मैं लैबोरेटरीज से 'डार्क रूम' और 'ड्राइंग रूम' में गया। डार्क रूम वह जगह है जहाँ वे किसी भी नाफ़रमान सदस्य को मार देते हैं। वे पहले इंसान का खून निकालकर मारते हैं और फिर उसे मशीन रूम में भेजते हैं जहाँ उसे पीसकर पाउडर बना दिया जाता है और फिर धूल को 'सैक रूम' में भेज दिया जाता है जहाँ उसे बैग में भरकर देसी डॉक्टरों के लिए रखा जाता है ताकि वे अपने ताबीज़ इकट्ठा कर सकें। और भी बहुत सी बातें थीं जिन्हें लिखकर समझाना मुश्किल है। मुझमें इतनी सारी ताकत होने के बावजूद, मैं अभी तक लूसिफ़र से मिलने के काबिल नहीं था, बल्कि सिर्फ़

उसका एजेंट बनने के काबिल था। फिर भी मैं खुश था कि अब मेरे पास ताकतें थीं और मैं अपनी मर्ज़ी से चीज़ों का सामना कर सकता था, उन्हें चुनौती दे सकता था और उन्हें खत्म कर सकता था। क्या कहीं और भी कोई ताकत हो सकती है, मैंने मन ही मन सोचा।

***(चैप्टर के लिए आखिरी नोट: "ज़्यादा पावर" का जुनून अंधेरे में एक कभी न खत्म होने वाला चक्कर है। सिर्फ़ क्राइस्ट के सामने सरेंडर करने से ही यह चक्कर टूटता है। मैथ्यू** 11:28–30.)*

अध्याय 2 से मुक्ति की कुंजियाँ

- नरक के प्रस्ताव *मदद से लेकर खौफ* तक बढ़ जाते हैं ; कीमत हमेशा खून होती है।
- लिखित/रक्त अनुबंध और दीक्षा संस्कार **कानूनी द्वार हैं** - लेकिन मसीह का क्रूस हमारे खिलाफ रिकॉर्ड को रद्द कर देता है (कुलुस्सियों 2:14–15)।
- आध्यात्मिक युद्ध में समुद्री/अंडरवर्ल्ड की संरचनाएं वास्तविक हैं, फिर भी **हर नाम यीशु के सामने झुकता है** (फिलिप्पियों 2:9–11)।
- परिवारों के लिए समझदारी: राज़ रखना, डराना-धमकाना, अचानक पैसा मिलना, और रात के रीति-रिवाज़ खतरे के संकेत हैं— **प्रार्थना की ढाल उठाएँ** और समझदारी भरी सलाह लें।

त्याग और आच्छादन की प्रार्थना

प्रभु यीशु मसीह, मैं अपने या अपनी तरफ से अंधेरे के साथ किए गए हर वादे, कसम या पहल को छोड़ता हूँ। अपने खून से, मेरे खिलाफ हर लिखावट को मिटा दो। मैं समुद्र, पाताल और सूक्ष्म दुनिया से नाता तोड़ता हूँ। मुझे आपकी गोद लेने की आत्मा, आपकी शांति और मुझ पर और मेरे घराने पर आपकी सुरक्षा मिलती है। आपके नाम से मैं हर शैतानी दरवाज़ा बंद करता हूँ और अपनी ज़िंदगी सिर्फ़ आपके राज के लिए खोलता हूँ। आमीन।

अध्याय 3: दुष्ट शासन

(ओरिजिनल कहानी रेव. इमैनुएल एमोस एनी द्वारा • छोटी कमेंट्री एम्बेसडर मंडे ओ. ओगबे द्वारा)

और काम के लिये नहीं परन्तु केवल चोरी करने और घात करने और नाश करने को आता है; मैं इसलिये आया कि वे जीवन पाएं, और बहुतायत से पाएं।" — **यूहन्ना** 10:10

(अंतर्दृष्टि: यहां बताया गया हर काम उस आयत को दिखाता है— शैतान का तरीका चोरी, मौत और तबाही है; मसीह का जवाबी मिशन भरपूर जीवन है।)

पहला काम — खून के बदले खून

लागोस लौटने पर, मैंने अपना बिज़नेस जारी रखा और दो हफ़्ते बाद मैं वापस समुद्र में चला गया। कोस्ट की रानी ने मुझे अपना "पहला काम" दिया। मुझे अपने गाँव जाकर अपने चाचा को मार डालना चाहिए, जो एक जाने-माने, ताकतवर देसी डॉक्टर थे और उनके अनुसार, मेरे माता-पिता की मौत के लिए ज़िम्मेदार थे।

मैंने उनकी बात मानी और चला गया, लेकिन पहले कभी किसी को नहीं मारा था, इसलिए मुझमें उन्हें मारने की हिम्मत नहीं थी,

बल्कि मैंने उनकी दवाइयां खराब कर दीं और उन्हें बेबस कर दिया। इस काम की वजह से आज तक उनके सारे कस्टमर चले गए। मैं एक रिपोर्ट असाइनमेंट देने वापस आया लेकिन वह मुझसे बहुत गुस्सा थीं। उन्होंने कहा कि उनकी बात न मानने का नतीजा मौत है, लेकिन मुझसे प्यार करने की वजह से वह मुझे उसी गांव में दो बुज़ुर्गों को मारने के लिए वापस भेज देंगी, जिनके बारे में उन्होंने कहा कि उन्होंने मेरे माता-पिता को मारने में मदद की थी। यह उनकी बात न मानने की सज़ा थी या नहीं, मुझे नहीं पता था।

लेकिन, मैंने उनकी बात मानी और गांव वापस जाकर उन लोगों को मार डाला और उनका खून उस तक पहुंचा दिया।

(टिप्पणी: दुश्मन हमेशा पाप को बढ़ाता है— एक बार जब आप झुक जाते हैं, तो वह और ज़्यादा मांगता है। रोमियों *6:16 .)*

उनकी मौत के अजीब हालात की वजह से गाँव के बुज़ुर्ग एक और ताकतवर देसी डॉक्टर से पूछने गए, जो आम तौर पर कातिल की जाँच के लिए बिजली भेजते थे। बदकिस्मती से इन लोगों के लिए, मैं उस देसी डॉक्टर से आत्मा में मिला जहाँ वह आत्माओं से सलाह ले रहा था और मैंने उसे चेतावनी दी कि अगर उसे अपनी जान प्यारी है तो कुछ न कहे। वह बाहर आया और बुज़ुर्गों से कहा कि वे घर जाकर अपने एक बेटे से भीख माँगें जिसे उन्होंने नाराज़ किया था और कभी मेरा नाम नहीं लिया। उसने जो बिजली भेजी थी, वह वापस लौटी और उनके बीच गिरी, जिससे कुछ लोग मारे गए और कई घायल हो गए।

इस पहले काम के बाद, मेरे अंदर की शक्तियां दिखने लगीं। अगर कोई लड़की मुझसे दोस्ती करने से मना करती तो मैं उसे बिगाड़ देता था वगैरह।

(सोचें: मसीह के बाहर की हर "ताकत" बेकाबू बुराई बन जाती है; लूका 9:55 देखें।)

शैतान के साथ मेरी मुलाकात

बाद में मैं लागोस वापस चला गया। एक दिन, **नीना नाम की एक लड़की** मेरे पास आई। नीना, जिसके माता-पिता अनाम्ब्रा स्टेट से थे, बहुत खूबसूरत जवान लड़की थी लेकिन ज़्यादातर समुद्र में रहती थी, यानी पानी के नीचे की रूह की दुनिया में। वह क्वीन ऑफ़ द कोस्ट की पक्की एजेंट थी और बहुत बुरी थी। वह ईसाइयों से बहुत नफ़रत करती थी और ईसाई धर्म से लड़ने के लिए किसी भी हद तक जा सकती थी। मैं उससे पहली बार समुद्र की अपनी यात्रा के दौरान मिला था। नीना क्वीन ऑफ़ द कोस्ट के एक काम से आई थी।

हम तुरंत वहां से निकल गए और वहां पहुंचकर मुझे पता चला कि हमारी **लूसिफ़र के साथ एक कॉन्फ्रेंस है** ।

इस मीटिंग में शैतान ने हमें ये निर्देश दिए: विश्वास करने वालों से लड़ो, विश्वास न करने वालों से नहीं, क्योंकि विश्वास न करने वाले पहले से ही उसके थे।

जब उसने यह कहा, तो हममें से एक ने पूछा: “क्यों?” उसने कहा कि वजह यह थी कि भगवान ने उसे “उस जगह” से निकाल दिया था (उसने *स्वर्ग शब्द कहने से मना कर दिया था* और हमारी सभी मीटिंग में उसने कभी *स्वर्ग शब्द का ज़िक्र नहीं किया)। बल्कि वह* नफ़रत की वजह से हमेशा *उस जगह* शब्द का इस्तेमाल करता था।

उन्होंने कहा कि उन्हें घमंड के कारण बाहर निकाल दिया गया था और इसलिए वह नहीं चाहते कि कोई भी ईसाई वहां (स्वर्ग) जाए।

उन्होंने हमसे यह भी कहा कि हमें पाखंडियों से नहीं लड़ना चाहिए। उन्होंने कहा, “वे मेरे जैसे हैं।” उन्होंने आगे कहा: “हमें सिर्फ़ असली ईसाइयों से लड़ना चाहिए। मेरा समय पास है, इसलिए हमें पहले से ज़्यादा लड़ना चाहिए और यह पक्का करना चाहिए कि कोई भी उस जगह पर न आए।”

***(ध्यान दें: नरक सच्चे चेलों से डरता है, नाम के विश्वासियों से नहीं — याकूब** 2:19 ; **प्रेरितों के काम** 19:15.)*

तो हममें से एक ने उससे कहा: “हमने सुना है कि भगवान ने इंसानों को वापस भगवान के पास बचाने के लिए किसी को भेजा है।”
फिर शैतान ने पूछा: “वह कौन है?” एक सदस्य ने जवाब दिया “जीसस”, और हमें सबसे ज़्यादा हैरानी हुई जब **लूसिफ़र अपनी सीट से गिर पड़ा।**

उन्होंने उस आदमी पर चिल्लाया और उसे चेतावनी दी कि अगर उसे अपनी जान प्यारी है तो वह हमारी किसी भी मीटिंग में उस नाम का ज़िक्र न करे।

इम्मानुएल लिखते हैं, "यह सच है कि यीशु के नाम पर हर घुटने को झुकना चाहिए (फिलिप्पियों 2: 10), शैतान सहित।"

इस घटना के बाद उसने हमें हिम्मत दी और कहा कि "इन ईसाइयों" पर ध्यान मत दो, कि वह लूसिफ़र जल्द ही दुनिया पर राज करने आएगा और हमें, अपने एजेंट्स को, एक बेहतर जगह देगा ताकि हमें बाकी दुनिया के साथ तकलीफ़ न उठानी पड़े और वह हमें शासक बनाएगा।

उन्होंने आगे कहा कि क्योंकि इंसान को दिखावटी और मनगढ़ंत चीज़ें पसंद हैं, इसलिए वह इन चीज़ों को बनाता रहेगा और यह पक्का करेगा कि इंसान के पास अपने भगवान के लिए समय न हो और वह चर्च को खत्म करने के लिए इन चीज़ों का इस्तेमाल करेगा:

1. धन
2. संपत्ति
3. औरत

भाषण के आखिर में उन्होंने मीटिंग खत्म कर दी। यह शैतान के साथ मेरी पहली मीटिंग थी। इसके बाद कई और मीटिंग हुईं।

(अंतर्दृष्टि: ये तीन हथियार - सोना, महिमा और लड़कियाँ - आज भी सेवकाई को बर्बाद कर देते हैं। 1 यूहन्ना 2: 15 - 17 देखें।)

रानी का सुदृढ़ीकरण

जब हम जा रहे थे, तो कोस्ट की रानी, जो अब अलग-अलग रूपों में दिखाई देती हैं, ने मुझे अपनी हवेली में बुलाया। उन्होंने मेरे दोनों पैरों की हड्डियों में इंसानी राख के साथ दूसरी चीज़ें डालीं, मेरी उंगली में एक पत्थर (कोई आम पत्थर नहीं) और मेरे दाहिने हाथ की हड्डी में कुछ और डाला।

इनमें से हर चीज़ का अपना काम था।

- मेरी उंगली में पत्थर यह जानने के लिए था कि कोई मेरे खिलाफ क्या सोचता है।
- मेरे दाहिने हाथ में जो था, वह मुझे नष्ट करने की शक्ति देता था।
- पैरों में जो थे, वे मुझे और ज़्यादा मज़बूत और खतरनाक बनाने के लिए थे और साथ ही मुझे एक औरत, जानवर, पक्षी, बिल्ली, वगैरह में बदलने के काबिल बनाने के लिए थे।

वह मुझे एक लैब में ले गईं और मुझे एक टेलिस्कोप, एक टीवी और एक वीडियो दिया – जो आम नहीं थे – ताकि मैं दोबारा जन्मे

ईसाइयों और चर्च के अंदर सिर्फ़ चर्च जाने वालों का पता लगा सकूं।

आखिर में, उसने मुझे सोलह लड़कियाँ दीं जो मेरी एजेंट के तौर पर काम करेंगी। नीना उनमें से एक थी। मैं इन "गिफ्ट्स" के साथ लागोस वापस आ गया।

***(कमेंट: नकली समझ के डिवाइस— पवित्र आत्मा के समझ के तोहफ़े का शैतान का गलत इस्तेमाल** (1 **कुरिन्थियों** 12:10) ।)*

शैतान के एजेंट में तब्दील हो गया

मेरे दिल में अब कोई इंसानियत की भावना या दया नहीं बची थी। मैंने तुरंत ऑपरेशन शुरू किया और एक साथ पाँच डुप्लेक्स तोड़ दिए । वे सभी अपने रहने वालों के साथ ज़मीन में धंस गए। यह अगस्त 1982 में लागोस में हुआ था। कॉन्ट्रैक्टर को अच्छी नींव न रखने के लिए ज़िम्मेदार ठहराया गया और उसे इसकी भारी कीमत चुकानी पड़ी।

आज दुनिया में जो बहुत सारी तबाही हो रही है, वह इंसानों की बनाई हुई नहीं है। शैतान का काम चोरी करना, मारना और बर्बाद करना है। मैं फिर कहता हूँ, **शैतान के पास कोई फ्री गिफ्ट नहीं है।**

(खास सच: अंधेरे से मिलने वाला हर दिखने वाला फ़ायदा दुखद होता है।)

विश्वासियों को लक्षित करना

मैं सड़कों वगैरह पर एक्सीडेंट करवाने लगा। एक केस जो मैं बताना चाहूँगा, वह एक नौजवान कन्वर्ट का है जो अपनी मुक्ति और छुटकारा पाने की गवाही देता फिर रहा था। ऐसा करके वह स्पिरिट वर्ल्ड में बहुत नुकसान पहुँचा रहा था, इसलिए मैंने उसके लिए एक एक्सीडेंट प्लान किया।

एक दिन वह गवाही देने के लिए लागोस जाने वाली एक शानदार बस में था। बस की स्पीड बहुत ज़्यादा थी, मैंने उसे सड़क से उतार दिया और वह एक पेड़ से टकरा गई। इस युवा धर्म बदलने वाले को छोड़कर सभी यात्री मर गए।

उसका बच निकलना चमत्कार था क्योंकि वह गाड़ी की डिक्की से बाहर आया और चिल्लाया: "मैं सुरक्षित हूँ! मैं सुरक्षित हूँ!" हमने उसे गवाही देने से रोकने की कोशिश की लेकिन हम नाकाम रहे।

(सबक: गवाही युद्ध है — प्रकाशितवाक्य 12: 11.)

टीवी के ज़रिए, हम किसी ऐसे आदमी को जानते थे जिसने हाल ही में पछतावा किया था और हम उसे सीरियसली फॉलो करते थे

ताकि देख सकें कि क्या हम उसे वापस ला सकते हैं। अगर छह महीने बाद भी हम कामयाब नहीं होते, तो हम उसके बिज़नेस में घुसकर उसे बैंकरप्ट कर देते थे। अगर वह सिविल सर्वेंट होता तो हम बॉस के ज़रिए उस पर ज़ुल्म करते, और अगर हो सके तो बॉस से उसकी अपॉइंटमेंट खत्म करवा देते। अगर इन सबके बाद भी वह वापस नहीं आता तो हम उसे छोड़ देते। लेकिन अगर वह वापस आता तो उसे मार दिया जाता ताकि उसे दोबारा पछतावा करने का मौका न मिले।

***(याद रखें: धर्म बदलने के बाद भी मज़बूती से खड़े रहने से नरक का चक्र टूट जाता है—इफिसियों** 6:13 .)*

विजार्ड्स के अध्यक्ष

मैंने इस हद तक जिंदगियां बर्बाद कर दीं कि लूसिफ़र बहुत खुश हो गया और उसने मुझे जादूगरों का चेयरमैन बना दिया।

मेरे चेयरमैन बनने के एक महीने बाद, एक मीटिंग बुलाई गई। हम उस मीटिंग में पक्षियों, बिल्लियों और साँपों के तौर पर शामिल हुए। इन जीवों का इस्तेमाल इन वजहों से किया जाता है:

1. पक्षियों की ओर मुड़ने से जादूगर और भी खतरनाक हो जाते हैं।
2. बिल्लियों की ओर मुड़ने से वे आत्माओं और इंसानों दोनों तक पहुंच पाते हैं।

3. चूहे बनकर वे आसानी से घर में घुस जाते हैं, फिर रात में परछाई बन जाते हैं, फिर इंसान बनकर शिकार का खून चूस लेते हैं।

इस मीटिंग में हमारे एजेंडा में सिर्फ़ एक ही आइटम था: **"ईसाई।"**

फिर हमने 1983 में बेनिन सिटी में एक अफ़्रीकी विज़ार्ड कॉन्फ्रेंस करने का प्लान बनाया। हमने इसे सभी डेली न्यूज़पेपर और सभी पब्लिक मीडिया में पब्लिश किया। अंधेरे की सभी ताकतें इकट्ठा हो गईं और हमें यकीन था कि इस मीटिंग में कोई रुकावट नहीं आएगी।

अचानक, **नाइजीरिया में ईसाई अपने भगवान की प्रार्थना और तारीफ़ करने लगे** और हमारी सारी योजनाएँ बिखर गईं। न सिर्फ़ वे बिखर गईं, बल्कि अंधेरे के राज्य में सच में अफ़रा-तफ़री मच गई।

इस वजह से, नाइजीरिया में चुड़ैलों और जादूगरों का सम्मेलन नहीं हो सका।

ईसाइयों को ध्यान रखना चाहिए कि जैसे ही वे सर्वशक्तिमान ईश्वर की सच्ची तारीफ़ करेंगे, समुद्र और हवा दोनों में परेशानी और उलझन होगी, और शैतान के एजेंटों को आराम करने की कोई जगह नहीं मिलेगी। प्रार्थना हमारे बीच टाइम-बम फेंकने जैसा है और हर कोई अपनी जान बचाने के लिए भाग जाएगा।

अगर ईसाई लोग भगवान की दी हुई ताकत और अधिकार को समझकर उसका इस्तेमाल करें, तो वे अपने देश के मामलों को कंट्रोल कर सकते हैं! सिर्फ़ ईसाई ही हमारे देश को बचा सकते हैं।

*(**विश्वास की कुंजी: सामूहिक प्रशंसा एक हथियार है** — 2 **इतिहास** 20: 21-22; **प्रेरितों के काम** 16: 25-26.)*

सम्मेलन की विफलता के बाद

इस कॉन्फ्रेंस के फेल होने के बाद, जो बाद में साउथ अफ्रीका में हुई, मुझे वापस समुद्र में बुलाया गया। जब मैं वहां पहुंचा, तो मुझसे कहा गया कि उसी पल से मैं समुद्र को अपना घर बना लूंगा और सिर्फ मुश्किल कामों के लिए ही दुनिया घूमूंगा।

मुझे एक नया काम दिया गया: देसी डॉक्टरों के लिए ताबीज़ बनाना, कंट्रोल रूम का इंचार्ज बनना और तोहफ़े भेजना, यानी सफ़ेद कपड़ों वाले चर्च (प्रार्थना घर) खोलना, मैटरनिटी सेंटर खोलना, स्टोर खोलना और उन्हें खुशहाल बनाना, "बच्चे" और पैसे देना।

इन्हें एक के बाद एक समझाया जाएगा:

1. व्हाइट गारमेंट चर्च खोलना

जब कोई आदमी हमारे पास प्रेयर हाउस बनाने और हीलिंग वगैरह करने में मदद के लिए आता है, तो उसे कुछ शर्तें दी जाती हैं: a) वह हर साल हमें एक या दो आत्माएं दान करने के लिए राज़ी होगा। b) चर्च में एक खास लेवल के ऑफिस पर उस आदमी को हमारी सोसाइटी में शामिल किया जाएगा। c) किसी भी मेंबर को जूते पहनकर प्रेयर हाउस में आने की इजाज़त नहीं होगी।

जब वह ये शर्तें मान लेगा, तो उसे एक देसी बर्तन में सफेद बजरी, इंसानी हड्डियां, खून और ताबीज जैसी कोई चीज़ दी जाएगी। उसे कहा जाएगा कि वह इस बर्तन को उसकी सारी चीज़ों के साथ चर्च के सामने गाड़ दे और उसके ऊपर क्रॉस गाड़ दे। दफ़नाने के बाद, सिर्फ़ क्रॉस दिखना चाहिए।

उसे एक तालाब बनाने या एक बेसिन रखने की सलाह दी जाएगी जहाँ आत्माएँ खास पानी देती रहेंगी। इस पानी को आप **"पवित्र जल" कहते हुए सुनते हैं।**

बहुत से लोग जब बुरी आत्माओं से परेशान होते हैं तो उन्हें बाहर निकालने के लिए इन "पैगंबरों" के पास जाते हैं। सच तो यह है कि वे उनमें और शैतानों को ही जोड़ते हैं। शैतान शैतान को बाहर नहीं निकाल सकता (लूका 11: 17-19)।

पैगंबर जो करते थे, वह यह कि वह प्रार्थना करते थे और सदस्य को घर पर रखने के लिए एक लाल कपड़ा देते थे, उन्हें मोमबत्तियों और अगरबत्ती के साथ प्रार्थना करने की सलाह देते थे—इस तरह राक्षसों को बुलाते थे।

कभी-कभी सदस्य को बलि के लिए बकरा लाने के लिए कहा जाता था। ये बलि इसलिए दी जाती थी ताकि हम आकर उस आदमी को ठीक करने में "मदद" करें। पैगंबर के पास ठीक करने की कोई शक्ति नहीं है।

***(समझ: मसीह के बाहर छुटकारा बंधन है। प्रेरितों के काम** 19: 13-16)*

2. मैटरनिटी सेंटर खोलना

अगर कोई महिला मैटरनिटी खोलने और उसे आगे बढ़ाने में मदद के लिए हमारे पास आती है, तो उसे यह शर्त दी जाएगी: *हम एक महीना चुनेंगे जिसमें मैटरनिटी में पैदा हुए सभी बच्चे मर जाएंगे, लेकिन बाकी महीनों में बच्चे जीवित रहेंगे।*

अगर वह मान जाती है, तो उसे मैटरनिटी में लोगों को खींचने के लिए एक चार्म दिया जाएगा। ओनित्शा, लागोस वगैरह में ऐसे मैटरनिटी हैं; अंदर जूते पहनने की इजाज़त नहीं है।

***(याद रखें: दुश्मन नकली फल देता है— लेकिन सिर्फ़ परमेश्वर ही सच्चा जीवन देता है। भजन** 127: 3.)*

3. फैंसी स्टोर खोलना

जब कोई आदमी मदद के लिए हमारे पास आता है, तो उसे एक अंगूठी दी जाती है, इस शर्त के साथ कि कोई भी औरत उसे छू न सके। उसे हमारा मेंबर बनने के लिए भी राज़ी होना होगा। अगर वह मान जाता है, तो उसके स्टोर में हमेशा हमारी तरफ़ से सबसे अच्छा और लेटेस्ट सामान रखा जाएगा।

(धोखा: शर्तों के साथ समृद्धि कैद की ओर ले जाती है — नीतिवचन 10:22 बनाम मत्ती 4:9.)

4. बच्चों को दान देना

अगर कोई बांझ औरत किसी देसी डॉक्टर के पास जाती है, तो अपनी शिकायत बताने के बाद उससे कहा जाएगा कि ये चीज़ें लाओ: एक सफेद मुर्गा, एक बकरा, देसी चॉक और बच्चे की देखभाल का सामान।

उसे जाने की सलाह दी जाती और उसकी गैरमौजूदगी में, देसी डॉक्टर हमारे पास ये चीज़ें लेकर आता। फिर हम कुछ चीज़ें मिलाते, जिसमें इंसानी राख भी शामिल थी। वह इस ताबीज़ का इस्तेमाल करके उस औरत के लिए खाना बनाता।

वह प्रेग्नेंट होगी और बच्चे को जन्म देगी, लेकिन यह कोई नॉर्मल इंसान नहीं है। अगर बच्चा लड़की है, तो वह ज़िंदा रहेगी और शादी भी कर लेगी, लेकिन पूरी ज़िंदगी बांझ रहेगी। अगर लड़का है, तो वह ज़िंदा रहेगा और ट्रेनिंग भी पाएगा, लेकिन अचानक मरने के लिए। वे अपने माता-पिता को दफ़नाने के लिए कभी ज़िंदा नहीं रहते।

मैं यहाँ यह बताना चाहूँगा कि बांझपन ज़्यादातर शैतानों की वजह से होता है। आप धरती पर एक औरत को बांझ देख सकते हैं, लेकिन समुद्र में उसके बच्चे होंगे। इसलिए मैं भगवान के बच्चों को सलाह देता हूँ कि वे सिर्फ़ भगवान का इंतज़ार करें क्योंकि सिर्फ़ भगवान ही असली बच्चे देते हैं।

(सत्य: 1 शमूएल 2: 5 – "बांझ ने सात बच्चे पैदा किये।")

5. धन देना

अगर कोई आदमी हमारे पास पैसे मांगने आता है, तो उससे ये शर्तें रखी जाएंगी: उससे अपने शरीर का कोई हिस्सा देने को कहा जाएगा, या अगर उसका परिवार है तो उससे अपने बेटे को लाने को कहा जाएगा; अगर वह अकेला है, तो उसका बड़ा या छोटा भाई - जो उसी गर्भ से पैदा हुआ हो।

शिकार को मारते समय, दान करने वाले को एक भाला या तीर दिया जाता था। उसके रिश्तेदार शीशे में देखते हुए आगे बढ़ते थे;

जैसे ही जिसे उसने दान किया था, वह गुज़रता, उससे वार करने के लिए कहा जाता था, और ऐसा होने पर शिकार वहीं मर जाता था।

और भी तरीके हैं, लेकिन शैतान एक काम यह करता है कि वह यह पक्का करता है कि हर तरीके में, डोनर ही पीड़ित की मौत के लिए ज़िम्मेदार हो, इसके लिए वह डोनर से पीड़ित पर हमला करवाता है।

याद रखें, शैतान के पास कोई मुफ़्त तोहफ़ा नहीं है!

***(अंतिम सत्य: धन का हर शॉर्टकट एक जाल है - मैथ्यू** 16: 26.)*

उद्धार पर विचार

- नरक खून मांगता है; स्वर्ग ने हमेशा के लिए एक बार मसीह का खून चढ़ाया (इब्रानियों 9:12)।
- डर से किया गया हर वादा सिर्फ़ पछतावे और क्रॉस से ही तोड़ा जा सकता है।
- ईसाई लोग तारीफ़ और प्रार्थना के ज़रिए ज़बरदस्त ताकत रखते हैं—इसका इस्तेमाल करें!
- सच्ची खुशहाली, इलाज और बच्चे सिर्फ़ भगवान की बात मानने से ही मिलते हैं।

त्याग और सुरक्षा की प्रार्थना

प्रभु यीशु मसीह, दुश्मन के धोखे को सामने लाने के लिए मैं आपको धन्यवाद देता हूँ। मैं शैतानी समझौतों, जादू-टोने या झूठे नबियों के साथ, जाने-अनजाने में, हर तरह के जुड़ाव को छोड़ता हूँ। यीशु का खून मेरे लिए बेहतर बातें करे। मैं जिज्ञासा, डर या अज्ञानता से खुले हर दरवाज़े को बंद करता हूँ। मुझे वह भरपूर जीवन मिले जिसका आपने वादा किया था। मुझे सच्चाई, पवित्रता और समझदारी से चलने की ताकत दें। आमीन।

अध्याय 4: शैतान ईसाइयों से कैसे लड़ता है

(ओरिजिनल टेक्स्ट सुरक्षित है; छोटे एनोटेशन)

«क्योंकि हमारा यह मुकाबला खून-पसीने से नहीं, बल्कि राज करने वालों से, ताकतों से, और ऊँची जगहों पर मौजूद रूहानी बुराई से है।» इफिसियों 6:10-12

*[ध्यान दें: **यह पूरे चैप्टर को दिखाता है: असली लड़ाई रूहानी है; हथियार रूहानी होने चाहिए— इफिसियों 6:13–18.]***

लड़ते हुए ईसाई

लूसिफ़र के ईसाइयों से लड़ने के आदेश के बाद, हमने बैठकर उनसे लड़ने के तरीके इस तरह बनाए:

1. बीमारियाँ पैदा करना।
2. बंजरपन का कारण बनना।
3. चर्च में नींद आ गई।
4. चर्च में कन्फ्यूजन पैदा करना।
5. चर्च में उदासीनता पैदा करना।
6. उन्हें परमेश्वर के वचन से अनजान बना दिया।
7. फैशन और नकल से।
8. उनसे फिजिकली लड़ना।

   [**कमेंट:** ***इनका लक्ष्य प्रार्थना, पवित्रता, एकता, पवित्र***

शास्त्र है— ठीक वही चीज़ें जो चर्च को ताकत देती हैं। प्रेरितों के काम 2:42–47; याकूब 4:7–8 देखें।]

ऊपर बताई गई बातों में से मैं दो के बारे में बताना चाहूंगा:

1. शारीरिक रूप से लड़ना

फिर से जन्मे ईसाइयों को देखूंगा । हम पाखंडियों से नहीं लड़ते क्योंकि वे पहले से ही हमारे हैं। फिर हम अपनी लड़कियों को पहले बड़े चर्चों में भेजेंगे। चर्च के अंदर वे गम चबा रही होंगी या किसी बच्चे को रुला रही होंगी या ऐसा कुछ भी कर रही होंगी जिससे लोगों का ध्यान भगवान का वचन सुनने से हट जाए। वे शायद आध्यात्मिक रूप से आने का फैसला कर लें और उपदेश के दौरान लोगों को सुला दें। जैसे ही वे देखेंगी कि उपदेश की वजह से आप शांत हो गए हैं, वे चर्च के बाहर आपका इंतज़ार करेंगी और जैसे ही आप बाहर आएंगे, उनमें से एक आपका स्वागत करेगी और आपको एक तोहफ़ा भी देगी (और यह हमेशा वही होता है जो आपको पसंद होता है) और बहुत दोस्ताना दिखेगी। वह सब कुछ करेगी और इससे पहले कि आपको पता चले कि क्या हो रहा है, आप चर्च में सीखी हुई हर बात भूल चुके होंगे। लेकिन एक सच्चे ईसाई के लिए, इन लड़कियों में से एक, सर्विस के बाद, आपका स्वागत करने के लिए बाहर निकलेगी और यह बहाना बनाकर आपका घर जानना चाहेगी कि वह शहर में नई है और आस-पास ज़्यादा ईसाइयों को नहीं जानती। उसे घर ले जाते समय, वह जल्दी से केले खरीदेगी और ईसाई इसे प्यार का इशारा समझेगा।

वह तब तक आती रहेगी जब तक वह आप में मसीह की रोशनी को पूरी तरह से बुझा न दे और फिर आना बंद न कर दे। जीवित चर्चों और फेलोशिप में मुख्य काम हैं: ईसाइयों को परमेश्वर का वचन पढ़ने और उसकी पढ़ाई करने से रोकना, और इस तरह उन्हें उनके अधिकार और परमेश्वर के वादों से अनजान बनाना। धर्मयुद्ध के मैदानों में इन लड़कियों को मतभेद और झगड़े पैदा करने के लिए भेजा जाता था।

[**सुरक्षा के उपाय**: *(a)* ***वचन से भरे रहें*** *(**कुलुस्सियों** 3:16), (b)* ***"नए संपर्कों" के साथ सीमाएँ बनाए रखें,*** *(c)* ***तोहफ़ों को समझदारी से दूर न जाने दें*** *(1 Jn 4:1), (d)* ***निगरानी और प्रार्थना करने के लिए अशर/मध्यस्थ नियुक्त करें— मत्ती*** *26:41 /*]

ईसाई कैसे जाने जाते हैं?

जो क्रिश्चियन फिर से जन्मे हैं, वे उस बाइबल से नहीं जाने जाते जो वे हमेशा अपने साथ रखते हैं या उन कई फेलोशिप से जिनमें वे शामिल होते हैं। वे स्पिरिट वर्ल्ड में उस रोशनी से जाने जाते हैं जो लगातार चमकती रहती है, जैसे दिल में एक बहुत तेज़ मोमबत्ती या सिर के चारों ओर रोशनी का घेरा या उनके चारों ओर आग की दीवार। जब कोई क्रिश्चियन चल रहा होता है, तो हम उसके साथ एंजल्स को चलते हुए देखते हैं, एक दाईं ओर, एक बाईं ओर, और एक पीछे। इससे हमारे लिए उसके पास आना नामुमकिन हो जाता है।

हम तभी कामयाब हो सकते हैं जब क्रिश्चियन से पाप करवाएं, जिससे हमें अंदर आने का रास्ता मिल जाए। जब कोई क्रिश्चियन

कार चला रहा होता है और हम उसे नुकसान पहुंचाना चाहते हैं, तो हम पाते हैं कि वह कार में कभी अकेला नहीं होता। उसके पास हमेशा एक एंजल होता है। ओह, अगर क्रिश्चियन को पता हो कि भगवान ने उसके लिए क्या रखा है, तो वह पाप में दखल नहीं देगा या लापरवाही से नहीं जिएगा!

[**की:** ***पाप दरवाज़े खोलता है (इफिसियों 4:27) । पवित्रता बाड़ की रक्षा करती है (नीतिवचन 25:28; जकर्याह 2:5)*** ।

2. भटके हुए ईसाइयों का बनना

लूसिफ़र के अपॉइंट किए गए चेयरमैन के तौर पर, मैं इन लड़कियों को ज़िंदा चर्चों और फ़ेलोशिप में भेजता था। ये लड़कियाँ अच्छे कपड़े पहनती थीं और प्रीचिंग के बाद अल्टर कॉल के लिए बाहर आती थीं, ऐसा दिखाती थीं कि उन्हें क्राइस्ट मिल गया है और उनके लिए प्रार्थना की जाती थी। फ़ेलोशिप या सर्विस के आखिर में वे प्रीचर का इंतज़ार करती थीं, जो ज़ाहिर है इन नए कन्वर्ट हुए लोगों के लिए बहुत खुश होता था।

कन्वर्ट हुए लोग प्रीचर के पीछे उसके घर तक भी जा सकते थे। अगर प्रीचर में समझदारी की भावना नहीं है , तो वह उसे व्यभिचार या एडल्टरी के पाप में फंसा देगी। यह उसी पल होता है जब वह उसकी वासना से तारीफ़ करता है। वह यह पक्का करती थी कि वह इस पाप में तब तक बना रहे जब तक वह आखिरकार उसमें भगवान की आत्मा को बुझा न दे और फिर उसे छोड़ देती, मिशन पूरा हो जाता था।

[**मिनिस्टर्स के लिए सेफ़गार्ड्स:** ***कभी भी अकेले सलाह न दें;***

मीटिंग की जगहें दिखें; पति/पत्नी/बुज़ुर्ग मौजूद हों; आँखों/दिल की रक्षा करें*—Matt. 5:28; 1 Tim. 3:2; Prov. 4:23.]*

इस समय, मैं एक मिनिस्टर की गवाही देना चाहूँगा। बुरी आत्माओं की दुनिया में उन्हें भगवान का आदमी माना जाता है। जब वह घुटनों के बल बैठते थे तो हमारे बीच कन्फ्यूजन हो जाता था। इसलिए हमने इन लड़कियों को उनके पास भेजा। यह आदमी उन्हें खाना भी खिलाता था लेकिन लालच में आने से मना कर देता था। उन्होंने अपनी तरफ से पूरी कोशिश की लेकिन कभी कामयाब नहीं हुईं। नतीजतन, इन लड़कियों को उनकी नाकामी की वजह से मार दिया गया।

फिर मैं एक औरत बन गया और उनके पास गया, और बातों से मैंने उसे फुसलाने की कोशिश की, लेकिन वह अपनी बात पर अड़ा रहा। यह मेरे लिए बहुत ज़्यादा था, इसलिए मैंने उसे जान से मारने का फैसला किया। एक दिन, यह मिनिस्टर ओडुएकेपे रोड मार्केट टाउन गया। मैंने उसे देखा और जब वह कुछ चीज़ों का दाम लगाने के लिए झुका, तो मैंने तेल के ड्रमों से भरा एक ट्रेलर उस मार्केट में घुसा दिया जहाँ वह था। ट्रेलर NEPA के हाई टेंशन पोल से टकराया और सीधे मार्केट में गिर गया, जिससे कई लोग मर गए, लेकिन यह मिनिस्टर बच गया। वह कैसे बच गया, यह एक चमत्कार था। एक और दिन, मैंने उसे पैदल न्कपोर टाउन जाते देखा। मैंने फिर से उसे मारने के लिए रतालू से भरी एक आती हुई आर्मी लॉरी को अपनी ओर खींचा। लॉरी सीधे नए कब्रिस्तान वाली रोड पर चली गई, कई लोगों को मार डाला, लेकिन यह मिनिस्टर फिर से बच गया। इस दूसरी कोशिश के बाद हमने हार मान ली।

वह अभी भी ज़िंदा है!

एक अकेले क्रिश्चियन की वजह से, शैतान कई आत्माओं को खत्म करने का फैसला कर सकता है, यह सोचकर कि वह उसे मार सकता है, लेकिन वह हमेशा नाकाम रहता है। ये घटनाएँ कई क्रिश्चियन के साथ हुई थीं, जिनके बारे में उन्हें पता नहीं था, लेकिन उनके भगवान ने हमेशा उन्हें बचाया। दिक्कत यह है कि शैतान हार नहीं मानता। उसके विचार हमेशा यही होते हैं: "शायद मैं सफल हो जाऊँ।" लेकिन वह कभी सफल नहीं होता। जब तक ईसाई भगवान के प्यार के साथ चलता है और उसमें बना रहता है और इस ज़िंदगी के मामलों में नहीं उलझता, तब तक शैतान कभी सफल नहीं हो सकता, चाहे वह कितनी भी कोशिश कर ले। सिर्फ़ नास्तिक ही उसके काम आ सकता है।

*[**हौसला**: **भगवान की सुरक्षा असली है— भजन** 91; **यशायाह** 54:17; 2 **राजा** 6:16–17.]*

ईसाईयों का उत्पीड़न

ऐसा ज़्यादातर सपनों में होता है। एक ईसाई अपने सपनों में ये चीज़ें देख सकता है:

1. कोई मरा हुआ रिश्तेदार उससे मिलने आया है।
2. नकाबपोश लोग उसका पीछा कर रहे हैं।
3. दोस्त नदी में तैर रहे हैं।
4. दोस्त खाना लाते हैं और उससे खाने के लिए कहते हैं।

5. एक अकेली औरत का सेक्सुअल इंटरकोर्स करना या शादीशुदा औरत का किसी आदमी के साथ सेक्स करना। अगर इस पर ध्यान न दिया जाए, तो कभी-कभी बांझपन हो जाता है। या कोई प्रेग्नेंट औरत खुद को किसी आदमी के साथ सेक्सुअल इंटरकोर्स करते हुए देखती है। अगर इस पर तुरंत ध्यान न दिया जाए, तो मिसकैरेज हो सकता है।

अगर किसी ईसाई को सपने में ऊपर बताई गई बातें महसूस होती हैं, तो उसे हाथ हिलाकर इसे नज़रअंदाज़ नहीं करना चाहिए, बल्कि नींद से उठने पर उसे खुद को देखना चाहिए और भगवान के सामने अपने जाने-पहचाने पाप को मानना चाहिए, उन सभी शैतानों को बांधना चाहिए और भगवान से प्रार्थना करनी चाहिए कि जो भी छेड़छाड़ हुई है, उसे ठीक कर दें। यह बहुत ज़रूरी है। व्यक्ति को विश्वास में बड़े, एक समझदार आत्मा से भरे ईसाई की मदद और सलाह भी लेनी चाहिए।
[**जागने पर एक्शन-प्लान**: ***(1) यीशु के नाम पर त्याग करें/ मना करें (लूका 10:19), (2) खून की याचना करें (प्रकाशितवाक्य 12:11), (3) प्रार्थना में अनुबंधों को रद्द करें (यशायाह 28:18), (4) यदि संभव हो तो प्रभु भोज लें (1 कुरिन्थियों 11), (5) पादरी कवरिंग प्राप्त करें।]***

शैतान की आत्मा जीतना

जब जीसस क्राइस्ट इस धरती को छोड़ रहे थे; तो उन्होंने अपने चेलों को एक कमांड दी: "तुम सारी दुनिया में जाओ और सभी देशों के लोगों को चेला बनाओ।" जबकि कुछ क्रिश्चियन अभी भी इस कमांड को मानने के लिए सही और आसान समय का इंतज़ार कर रहे हैं, शैतान ने भी अपने एजेंट्स को यह कमांड दी है। फ़र्क यह है कि शैतान के एजेंट क्रिश्चियन्स से ज़्यादा आत्माओं को जीतने में सीरियस हैं!

शैतान के आत्मा जीतने के एरिया में से एक सेकेंडरी स्कूल हैं, खासकर लड़कियों के स्कूल। हमारी कुछ लड़कियों को स्टूडेंट के तौर पर स्कूलों में भेजा जाता है। हम उन्हें सभी लेटेस्ट और महंगे अंडरवियर देते हैं। यह पहली प्रायोरिटी है, क्योंकि गर्ल्स हॉस्टल में, वे सिर्फ़ अंडरवियर पहनना पसंद करती हैं। हमारी एजेंट को कभी किसी चीज़ की कमी नहीं होगी, कॉस्मेटिक्स, ड्रेस, अंडरवियर, किताबें, खाने-पीने की चीज़ें और पैसे। उसे एक खास नहाने का साबुन दिया जाता था ताकि जो भी स्टूडेंट उससे साबुन मांगे, उसे उधार दे सके। उसके जैसा बनने की चाहत रखने वाली लड़की अट्रैक्ट होगी और उससे दोस्ती करेगी। धीरे-धीरे हमारी एजेंट हमें उससे मिलवाएगी। इस पॉइंट पर हम उससे खुद जाकर मिलेंगे और उसे गिफ्ट देना और उसकी ज़रूरतें पूरी करना शुरू करेंगे। इसके साथ, वह अपनी मर्ज़ी से हमारे साथ जुड़ जाएगी। वह बदले में किसी और को जीत लेगी और इसी तरह। इसे एक मिशन की तरह लिया जाता है और इसे सफल होने के पक्के इरादे

के साथ किया जाता है।

एक बात साफ़ होनी चाहिए: शैतान किसी पर ज़बरदस्ती नहीं करता। वह जो करता है वह आपको अपनी मर्ज़ी से अपनी ओर खींचना और उसके पास लाना है। इसीलिए बाइबिल कहती है: “शैतान का सामना करो और वह तुमसे दूर भाग जाएगा” (जेम्स 4:7)। शैतान के लिए आत्मा जीतने का एक और तरीका है लिफ्ट देना। हम अपनी लड़कियों को सड़क पर खड़ा होने के लिए भेजते हैं, और आमतौर पर वे बहुत सुंदर और अच्छे कपड़े पहने होती हैं। आप उन्हें होटलों में भी पाएंगे और इन तरीकों से हमें पुरुष और महिलाएं मिलते हैं। कई लोग जिन्हें हम अखबारों में गुमशुदा के तौर पर देखते हैं, वे उन लड़कियों को लिफ्ट देने के चक्कर में खो गए जिन्हें वे जानते नहीं थे।

इसलिए आपको सावधान रहना चाहिए कि आप अपनी कार में किसे लिफ्ट देते हैं।

[**चर्च को निर्देश:** ***स्कूलों और युवाओं को बिना सुरक्षा के न छोड़ें—कैंपस में शिष्य बनाने, सुरक्षित मेंटरशिप और माता-पिता की निगरानी का इस्तेमाल करें (नीतिवचन 22:6; 2 तीमुथियुस 3:14–15)। अजनबियों/"लिफ्ट" के साथ समझदारी से सीमाएं तय करें।***

क्विक मिनिस्ट्री टूल्स (एक पेज)

- **जब सेवा में ध्यान भटके:** पीछे की लाइन में एक इंटरसेसर रखें, निगरानी रखें, धीरे से रास्ता दिखाएँ, आत्मा में धीरे से प्रार्थना करें (इफिसियों 6:18)।
- **जब हवस/लालच आए:** भाग जाएं (2 Tim. 2:22), कबूल करें, तुरंत किसी अकाउंटेबिलिटी पार्टनर को बुलाएं।
- **जब परेशान करने वाले सपने आएं:** ज़ोर से प्रार्थना करें; वादे तोड़ें; दरवाज़ों पर तेल लगाएं; भजन 91/यशायाह 54 पढ़ें; प्रभु भोज लें; बड़ों से प्रार्थना करने के लिए कहें (याकूब 5:14–16)।
- **जब किसी ग्रुप में कन्फ्यूजन/झगड़ा हो:** एजेंडा रोकें; 10 मिनट तारीफ़ करें और धर्मग्रंथ पढ़ें; मिशन को पक्का करें; एकता के लिए प्रार्थना करें (भजन 133; यूहन्ना 17)।
- **युवाओं की सुरक्षा:** शर्म नहीं, बल्कि शिष्य बनाकर विनम्रता का माहौल बनाना; डिजिटल/मीडिया सुरक्षा; हर हफ़्ते वर्ड क्लब; लड़कियों के लिए ट्रेंड महिला मेंटर, लड़कों के लिए पुरुष मेंटर।

सुदृढ़ीकरण की प्रार्थना

प्रभु यीशु, आप मेरे कवच और मेरी जीत हैं। मैं पाप या लापरवाही से खुलने वाले हर दरवाज़े को बंद कर देता हूँ। मुझे सच्चाई, नेकी, शांति की खुशखबरी, विश्वास, मुक्ति और परमेश्वर के वचन से

सजाएँ। मेरे हाथों को लड़ना और मेरे दिल को प्यार करना सिखाएँ। मैं शैतान का विरोध करता हूँ; उसे भागना ही होगा। आग की दीवार मुझे और मेरे घराने को घेर ले। मुझे पवित्रता, समझदारी और हिम्मत वाली गवाही में मज़बूत करें—आमीन। *(इफिसियों 6:10–18; जकर्याह 2:5; याकूब 4:7)*

अध्याय 5: यीशु मसीह के साथ मेरी मुलाकात

(ओरिजिनल गवाही सुरक्षित रखी गई है, जिसमें छोटी- छोटी बातें हैं)

"फरवरी 1985 में, समुद्र में हमारी नॉर्मल मीटिंग हुई, जिसके बाद मैंने अपने गुज़रे हुए चाचा की पत्नी से मिलने के लिए रिवर्स स्टेट के पोर्ट हारकोर्ट जाने का फ़ैसला किया। मैं एंथनी नाम के एक आदमी से मिला। उसकी न्वाजा जंक्शन पर एक वर्कशॉप है, जो पोर्ट हारकोर्ट, रिवर्स स्टेट में ट्रांस- अमादी रोड के पास है। उसने मुझे बुलाया और क्योंकि हमारे समाज में यह नियम है कि कॉल को कभी मना नहीं किया जाता, इसलिए मैंने उसका कॉल उठाने का फ़ैसला किया। मैं उस हफ़्ते के एक गुरुवार को दोपहर में उसके पास गया। उसने यह कहकर शुरू किया कि भगवान ने उसे मेरे लिए एक मैसेज दिया है। उसने अपनी बाइबिल निकाली और उपदेश देना शुरू कर दिया। वहाँ तीन और ईसाई बैठे थे (एक पुरुष

और दो महिलाएँ)। वह बहुत देर तक उपदेश देता रहा और मुझे यकीन नहीं हो रहा था कि मैंने उसकी सारी बातें सुनी हैं। उसने मुझसे प्रार्थना के लिए घुटनों के बल बैठने को कहा। मैंने उसकी बात मानी और चुपचाप घुटनों के बल बैठ गया।
उसने तुरंत अपनी प्रार्थना शुरू कर दी। भगवान की आत्मा ने मुझे नीचे गिरा दिया और मैं मुँह के बल गिर पड़ा। मैं उठा और लोहे की तरह खड़ा हो गया। मैंने वर्कशॉप के अंदर लोहे की कुर्सियों को तोड़ दिया। मैंने बाहर देखा और हमारे तीन लोगों को देखा। सीक्रेट सोसाइटी के सदस्य, एक आदमी और दो लड़कियाँ। वे इंसान के रूप में आए और दरवाज़े की तरफ़ बढ़े लेकिन भगवान की शक्ति के कारण वे अंदर नहीं जा सके।"

[**नोट**: नरक भी परमेश्वर के अधिकार की सीमा को नहीं तोड़ सकता (भजन 91:1–3; लूका 10:19)। अभिषेक जुए तोड़ता है।]

"मुझे यकीन है कि समुद्र में अलार्म बजने से उन्हें परेशानी का पता चल गया होगा और टीवी से उन्हें पता चल गया होगा कि प्रॉब्लम कहाँ है और उन्होंने 'लाचार' रेस्क्यू टीम भेज दी होगी। ऐसा हमेशा होता है जब कोई भी सदस्य मुसीबत में पड़ जाता है। जब दो क्रिश्चियन आदमियों ने मुझे घुटनों के बल नीचे गिराया, तो लड़कियाँ प्रार्थना करती रहीं और राक्षसों को बांधती रहीं, लेकिन उन्होंने कुछ खास नहीं बताया। उन्होंने मुझसे पूछा कि क्या मैं जीसस क्राइस्ट में विश्वास करती हूँ, मैंने कुछ नहीं कहा। उन्होंने मुझसे जीसस का नाम पुकारने को कहा, मैंने मना कर दिया। उन्होंने मुझसे मेरा नाम पूछा और मैंने उन्हें बता दिया। उन्होंने

घंटों तक कोशिश की और मुझे जाने दिया। मुझसे कोई आत्मा नहीं निकाली गई, इसलिए मैं उसी तरह बाहर निकल गई जैसे अंदर आई थी।"

[**सबक:** छुटकारा पाने के लिए एहसास और अधिकार की ज़रूरत होती है—भावना की नहीं। खासियत और समझदारी मायने रखती है (मरकुस 9:29; प्रेरितों के काम 19:15–16)।]

चर्च की घटनाएँ

"अगला दिन शुक्रवार था, मुझे उसी एंथनी ने पोर्ट हारकोर्ट के सिल्वर वैली में असेंबलीज़ ऑफ़ गॉड चर्च में उनकी नाइट विजिल में आने के लिए बुलाया था। मैंने यह न्योता इसलिए मान लिया क्योंकि चर्च सर्विस में जाकर नींद और कन्फ्यूजन पैदा करना हमारे असाइनमेंट का हिस्सा था। प्रोग्राम कोरस से शुरू हुआ। हम तब तक गाते रहे जब तक कि एक मेंबर ने एक खास क्रिश्चियन बैंड का पॉपुलर कोरस नहीं गाया, जिसमें जीसस की शक्ति के अलावा दूसरी शक्तियों की बेबसी के बारे में बताया गया था। फिर मैं हंसने लगा। मैं इसलिए हंसा क्योंकि जब मैंने आत्मा में उनकी ज़िंदगी को देखा, तो यह कोरस गाने वाले लगभग तीन-चौथाई लोग पाप में जी रहे थे। मुझे पता था कि उनकी ज़िंदगी में पापों की वजह से, वे सामने आ गए थे और इन शक्तियों से उन्हें गंभीर नुकसान हो सकता था।"

[**अंतर्दृष्टि:** पवित्रता के बिना प्रशंसा स्वर्ग के लिए शोर है (यशायाह 1:15; यूहन्ना 4:24)। पवित्रता भक्तों की ढाल है।]

“उस सर्विस में हम समुद्र से आए चार लोग थे और उनके साथ गा रहे थे और ताली बजा रहे थे। मैं यहाँ फिर से ज़ोर देना चाहता हूँ कि जब कोई सर्विस शुरू हो, तो सदस्यों को पहले अपने पाप कबूल करने की सलाह दी जानी चाहिए, फिर भगवान की सच्ची तारीफ़ करनी चाहिए। इससे शैतान का एजेंट बहुत असहज हो जाएगा और असल में अपनी जान बचाने के लिए भाग जाएगा।
इस खास सर्विस में हम बहुत आराम से थे और काम भी शुरू कर दिया। कई लोग सोने लगे, कोरस कमज़ोर तरीके से गाए गए और चीज़ें टेढ़ी-मेढ़ी होती गईं।”

[**नोट:** पापस्वीकार और पश्चाताप दिव्य अग्नि को आमंत्रित करते हैं। जहाँ पवित्रता नहीं है, वहाँ अंधकार घर जैसा लगता है (2 Chr 7:14)।]

“भाई एंथनी ने उन्हें मेरे बारे में पहले ही बता दिया था, इसलिए सुबह करीब 2.00 बजे उन्होंने मुझे मेरे लिए प्रार्थना करने के लिए बुलाया। जैसे ही मैं सामने आया, उन्होंने जीसस के खून की भीख मांगना शुरू कर दिया। मैंने उन्हें रोका और कहा: 'खून की भीख मांगना हल नहीं है। मैं एक बहुत बड़ी सीक्रेट सोसाइटी का सदस्य हूँ। अगर आप सहमत हैं कि आप मुझे बचा सकते हैं, तो मैं घुटने टेक दूँगा।' मैंने जो शब्द कहे, वे पहले से सोचे हुए नहीं थे। जीसस का खून शैतानों को डराता है और मानने वालों की रक्षा करता है,

लेकिन शैतानों को बांधता नहीं है। शैतान तभी बंधेगा जब ईसाई अपने अधिकार का इस्तेमाल करेगा और हुक्म देगा।"

[**साफ़ करें:** खून छुड़ाता है और सुरक्षा देता है; यीशु के नाम में अधिकार जीत दिलाता है (प्रकाशितवाक्य 12:11; मरकुस 16:17–18)।]

"वे मान गए और मैं घुटनों के बल बैठ गया। तभी भगवान की आत्मा के नेतृत्व में एक बहन चिल्लाई और बोली: 'अगर तुम लायक नहीं हो, तो पास मत आओ!' ... पाप में जी रहे एक ईसाई के लिए शैतानों को बाहर निकालना खतरनाक है। कई लोग पीछे हट गए और कुछ मेरे लिए प्रार्थना करने आए। जैसे ही उन्होंने 'यीशु के नाम पर' कहना शुरू किया, मैंने अपने अंदर एक ज़ोरदार धमाका सुना और फ़र्श पर गिर गया... दो विरोधी ताकतें हरकत में आईं और माहौल बदल गया।"

[**नोट:** सिर्फ़ साफ़ बर्तन ही हमेशा रहने वाला अधिकार रखते हैं (2 Tim 2:21). छुटकारा पवित्र युद्ध है।]

"मुझसे एक शैतान निकला और उनके बीच एक लड़के को अपने अंदर समा लिया... भाइयों ने उसके साथ समय बर्बाद नहीं किया, बल्कि वे उसे और जो दूसरे डरे हुए थे, उन्हें चर्च के वेस्ट्री में ले गए और अंदर बंद कर दिया। यह सुबह 7.00 बजे तक चलता रहा... उन्हें यह विश्वास दिलाकर धोखा दिया गया कि मैं बच गया हूँ।"

[**सबक:** समझदारी ज़रूरी है; कुछ छुटकारा अधूरा या नकली होता है अगर जड़ों पर ध्यान न दिया जाए (लूका 11:24–26)।]

"मैं शारीरिक रूप से इतना कमज़ोर था कि मुझे चर्च से बाहर निकलना मुश्किल लगता था। लेकिन कुछ हुआ, क्योंकि जैसे ही मैं चर्च से बाहर निकला और सड़क पार की, मैं शारीरिक रूप से बहुत मज़बूत हो गया। शायद जो शैतान चले गए थे, उनमें से कुछ वापस आ गए। मुझे बहुत गुस्सा आया और मैंने चर्च से बदला लेने का फ़ैसला किया।"

[**सोच:** दुश्मन आज़ादी से पहले सबसे ज़्यादा लड़ता है; लेकिन भगवान नाकामी दिखने पर भी दैवीय हमले करते हैं (Gen 50:20).]

लागोस के रास्ते में

"अपने चाचा की पत्नी के घर पहुँचकर, मैंने उनसे कहा कि मैं तुरंत लागोस के लिए निकल रहा हूँ... माइल 3 पर हमने उड़ान भरी और ओमाग्वे पहुँचने पर , इंटरनेशनल एयरपोर्ट जंक्शन पर, मैंने एक आवाज़ सुनी जो मुझे मेरे असली नाम 'NKEM' से पुकार रही थी। ... जब मैं अभी भी सोच रहा था, तो आवाज़ फिर आई: 'NKEM, क्या तुम मुझे फिर से धोखा दोगे?' ... अचानक मुझे बहुत तेज़ बुखार हो गया... ओवेरी के उमुआकपा में, मैं टैक्सी के अंदर ही गिर पड़ा।"

[**नोट:** परमेश्वर की दया हमें यात्रा के बीच में रोकती है - शाऊल का दमिश्क वाला पल (प्रेरितों 9:3–6)।]

“इसके बाद मुझे पता चला कि दो आदमी, लंबे और भारी-भरकम, मुझे लेने आए... ‘तुम एक वॉन्टेड आदमी हो!’ ... हम एक बहुत बड़ी और लंबी बिल्डिंग में गए जो एक कॉन्फ्रेंस हॉल जैसी दिख रही थी।... आखिर में एक वेदी थी। मैंने सूरज के चारों ओर एक चांद और तारे देखे। फिर मैंने एक सिंहासन देखा और उस पर एक बहुत सुंदर आदमी बैठा था जिसके कपड़े सूरज की तरह चमक रहे थे। उसने कहा: ‘आओ!’ ... फिर चांद सिंहासन पर वापस चला गया और फिर जो उस पर बैठा था उसने फिर कहा: ‘आओ!’”

[**मतलब:** यह एक क्लासिक मौत से ज़िंदगी का सामना है - शरीर लटका हुआ, आत्मा मसीह के न्याय आसन के सामने खींची गई (2 कुरिन्थियों 5:10)।]

आध्यात्मिक शुद्धि

"मैं एक बिंदु तक चला और वह सिंहासन से मेरे पास आया, एक के बाद एक मेरे पैर हटाए और उनके अंदर जो कुछ था उसे बाहर निकाल कर उन्हें वापस जोड़ दिया।... मैंने मन में सोचा, यह कौन हो सकता है और उसे कैसे पता था कि ये चीजें कहाँ रखी गई थीं।"

[**अर्थ:** प्रभु दुष्टात्माओं को जड़ से उखाड़कर उनकी जगह अपनी पूर्णता लाता है—यहेजकेल 36:26.]

"इसके बाद वह अपने सिंहासन पर वापस गया और मुझे आने के लिए कहा।... उसने कहा: 'हाँ, लेकिन मैं तुम्हें दिखाऊँगा कि तुम्हारे मन में क्या है।' ... यह आदमी मुझे एक कमरे में ले गया और एक ब्लैकबोर्ड जैसा कुछ खोला।... मेरे सामने वह सब लिखा हुआ था जो मैंने ईसाइयों के खिलाफ और असेंबलीज़ ऑफ़ गॉड चर्च, सिल्वर वैली के खिलाफ़ प्लान बनाया था।"

[**सबक:** परमेश्वर की आँखों के सामने कुछ भी छिपा नहीं है (इब्रानियों 4:13)। कबूल करने और पछतावा करने से बोर्ड मिट जाता है।]

दिव्य रहस्योद्घाटन

"वह सिंहासन से बाहर आया और मुझे अपने हाथों से पकड़कर कहा कि वह मुझे कुछ चीजें दिखाने जा रहा है। ... 'मैं नहीं चाहता कि तुम नष्ट हो जाओ, बल्कि तुम्हें बचाना चाहता हूं और यह तुम्हारा आखिरी मौका है।' ... जब उसने यह कहा, तब मुझे पता चला कि वह यीशु मसीह था।"

[**कृपा:** सबसे ज़्यादा अशुद्ध व्यक्ति को भी *आखिरी बार बुलाया जा सकता है।* दया अभी भी विनती करती है (यशायाह 1:18)।]

“हम एक कमरे में गए और उसने एक परदे जैसा कुछ खोला। मैंने पूरी दुनिया देखी... हम दूसरे कमरे में गए... उसने इन लोगों को 'पाखंडी' कहा। ... हम तीसरे कमरे में गए... 'ये वे लोग हैं जिन्हें छुटकारा मिला है और जो अपने इनाम का इंतज़ार कर रहे हैं।' ... हम चौथे कमरे में गए... ऐसा लग रहा था जैसे पूरा शहर आग में जल रहा हो। नरक असली और भयानक है।... उसने उनके नाम Rev. 21:8 में लिखे अनुसार रखे।”

[**चेतावनी:** यह गवाही पवित्रशास्त्र की लगातार गवाही से मेल खाती है - नरक और स्वर्ग सचमुच नियति हैं (मत्ती 25:41–46)।]

“हम पाँचवें कमरे में गए और जब उन्होंने पर्दा खोला, तो मैंने जो देखा उसे सिर्फ़ शानदार ही कहा जा सकता है।... उन्होंने कहा: 'यही संतों की उम्मीद है। क्या तुम वहाँ आओगे?' मैंने तुरंत जवाब दिया 'हाँ!' ... उन्होंने कहा: 'जाओ और गवाही दो कि मैंने तुम्हारे लिए क्या किया है।'”

[**कमीशन:** हर सच्ची मुलाकात एक आदेश को जन्म देती है — “ *जाओ और बताओ।*” (मरकुस 5:19)।]

पृथ्वी पर वापसी

“फिर, वह मुझे दूसरे कमरे में ले गया... ‘डरो मत, जाओ, मैं तुम्हारे साथ रहूँगा।’ वह मुझे हॉल से बाहर ले गया और गायब हो गया,

और मैं दूसरे आदमी के घर में एक बिस्तर पर होश में आया।... फिर उस आदमी ने बताया कि कैसे मैं एक टैक्सी में बेहोश हो गया और कैसे वे मुझे ओवेरी में कैथोलिक कैथेड्रल ले गए।... फिर वह आदमी मुझे अपनी कार में अपने घर ले गया और इंतज़ार करने लगा।... मैं दो दिनों तक इस अच्छे परिवार के साथ शांति से रहा और फिर वह आदमी और उसकी पत्नी मुझे ओवेरी मोटर पार्क ले गए।”

[**ध्यान दें:** ईश्वरीय नियुक्तियों में अक्सर आत्मा से प्रेरित अजनबी शामिल होते हैं—इब्रानियों 13:2.]

“प्रभु ने मुझे मेरी यात्रा के बारे में जो कुछ भी दिखाया, वह एक के बाद एक हुआ।... मैंने उनकी बात मानी और अगली सुबह लागोस से पोर्ट हारकोर्ट के लिए निकल गया। मैं अक्सर खुद से पूछता हूँ, प्रभु मेरे जैसे आदमी को क्यों बचाएंगे। एक ऐसा आदमी जो इतना दुष्ट और नुकसान पहुँचाने वाला हो, शैतान का एजेंट हो! मुझे इन तीन शब्दों में जवाब मिला: **ईश्वर प्रेम है।** सच में, ईश्वर प्रेम है! (1 यूहन्ना 4:8, 4:16)”

[**अंतिम टिप्पणी:** अंतिम रहस्योद्घाटन न्याय नहीं बल्कि प्रेम है—यूहन्ना 3:16; रोमियों 5:8.]

आज के लिए आध्यात्मिक कुंजियाँ

1. **अधिकार:** मसीह में अपने कानूनी अधिकार को जानें और उसका इस्तेमाल करें (लूका 10:19)।
2. **पवित्रता:** पछतावा कवच को सही-सलामत रखता है; पाप दोबारा आने का न्योता देता है।
3. **समझ:** हर आध्यात्मिक चीज़ भगवान जैसी नहीं होती; सभी आत्माओं को परखो (1 यूहन्ना 4:1)।
4. **समुदाय:** सही मध्यस्थों के साथ मिलकर प्रार्थना करने से मुक्ति सबसे सुरक्षित है।
5. **गवाह:** हर छुटकारा गवाही मांगता है—चुप्पी दुश्मन की मदद करती है।

पूर्ण समर्पण की प्रार्थना

प्रभु यीशु मसीह, मैं आपको ही एकमात्र सच्चे प्रभु और उद्धारकर्ता के रूप में मानता हूँ। मुझे अंधेरे के हर वादे से छुड़ाने के लिए आपका धन्यवाद। मैं अपना जीवन, शरीर, आत्मा और रूह आपको सौंपता हूँ। दुश्मन के हर छिपे हुए इम्प्लांट को हटा दें; मुझे अपने खून से शुद्ध करें; मुझे पवित्र आत्मा से भरें; और दूसरों को आज़ाद करने के लिए मेरा इस्तेमाल करें। मेरा जीवन इस बात की गवाही दे कि **परमेश्वर प्रेम है** । आमीन।

(यूहन्ना 3:16 • 1 यूहन्ना 4:8 • इफिसियों 6:10-18)

अध्याय 6: प्रलोभन और विजय

«मेरी भेड़ें मेरी आवाज़ सुनती हैं, और मैं उन्हें जानता हूँ, और वे मेरे पीछे-पीछे चलती हैं: और मैं उन्हें हमेशा की ज़िंदगी देता हूँ जीवन; और वे कभी नाश नहीं होंगे, और न कोई उन्हें मेरे हाथ से छीन लेगा» यूहन्ना 10: 27-28

*[टिप्पणी: **यह वादा पूरे अध्याय को परिभाषित करता है: यीशु की पकड़ किसी भी जवाबी हमले से ज़्यादा मज़बूत है (यूहन्ना 10:27–28) /]***

मसीह में मेरे बदलने के बाद, सबसे पहली चीज़ जो हुई, वह यह थी कि समुद्र से मिले सारे तोहफ़े, टेलिस्कोप, टीवी, शर्ट, समुद्री लैब में खींची गई तस्वीरें और मेरे फ़्लैट में लगी क्वीन ऑफ़ द कोस्ट की तस्वीर सब गायब हो गईं।
*[कमेंट: **प्रेरितों के काम 19:19— गुप्त चीज़ें अपनी ताकत खो देती हैं और उन्हें फेंक देना चाहिए; प्रभु अक्सर उन्हें अपने अधिकार में ले लेते हैं।]***

पोर्ट हारकोर्ट लौटने पर, मेरा मन हुआ कि मैं यह गवाही दूं कि प्रभु ने मेरे लिए क्या किया है, लेकिन मुझे चर्च में जाने की इजाज़त नहीं थी। मेरे गुज़र चुके चाचा की पत्नी, जो खुद भी ईसाई हैं, मुझे एक पादरी के पास ले गईं, लेकिन उन्होंने पूछा: “क्या वह कागज़ लाए हैं?” बाद में मुझे समझ आया कि जिस कागज़ की वह बात

कर रहे थे, वह 'मेंबरशिप लेटर' था। मेंबरशिप लेटर का मेरे मसीह की शक्ति और उन्होंने मेरे लिए जो किया है, उसकी गवाही देने से क्या लेना-देना है - परमेश्वर, मुझे अंधेरे की शक्ति से निकालकर अपने प्यारे बेटे के राज्य में ले आए, जिसमें मुझे उनके खून से छुटकारा मिला है, यहाँ तक कि मेरे पापों की माफ़ी भी मिली है? *[टिप्पणी: **ब्यूरोक्रेसी ईश्वर के पलों को मिस कर सकती है। फिर भी, गवाही शास्त्रों के अनुसार होती है** (Rev 12:11); **समय और चरवाही मायने रखती है।]***

मुझे दुख हुआ, यह जानकर कि शैतान नए धर्म बदलने वालों को गवाही देने की इजाज़त नहीं देता, खासकर उन्हें जो पहले उसके कामों में बहुत ज़्यादा शामिल थे, और वह ऐसी गवाही को रोकने के लिए सब कुछ करेगा। मुझे फिर याद आया, प्रभु ने मुझे साफ़-साफ़ कहा था कि "जाओ और गवाही दो कि मैंने तुम्हारे लिए क्या किया है" और यहाँ मुझे रिजेक्शन का सामना करना पड़ा। शायद अभी समय नहीं था। इसलिए मैंने किसी को भी अपनी गवाही देने से बचने का फ़ैसला किया। मैं तीन व्यापारियों के साथ अबा से टोगो एक बिज़नेस ट्रिप पर गया। वहाँ मैंने N160,000 (एक लाख साठ हज़ार नाइरा) का सामान खरीदा। इस रकम में से मेरे अपने पैसे N70,000 थे जबकि बाकी N90,000 अबा के व्यापारियों से उधार लिए थे। मैंने जो चीज़ें खरीदीं उनमें लेस के बंडल, अलग-अलग तरह की दवाएँ (खासकर एंटीबायोटिक्स), इंजेक्शन, थर्मामीटर वगैरह थे। नाइजीरियाई बॉर्डर पर, हमें कस्टम वालों ने पकड़ लिया और बाद में हमसे कुछ रिश्वत माँगी गई। हमने मना कर दिया और सामान ज़ब्त कर लिया गया, जिसमें मेरे साथियों

का सामान भी शामिल था। कुछ महीने बाद, मेरे साथियों के सारे सामान छोड़ दिए गए, सिवाय मेरे सामान के। मैं बाद में वापस गया और मुझसे N40,000 देने को कहा गया, लेकिन सामान चेक करने पर मुझे पता चला कि सारा कीमती सामान, लेस के बंडल, इंजेक्शन, ड्रग्स वगैरह पहले ही चोरी हो चुके थे। मैंने बचे हुए सामान का हिसाब लगाया और मुझे पता था कि कस्टम्स को N40,000 देने से नुकसान और बढ़ेगा, इसलिए मैंने बचा हुआ सामान छोड़ने का फैसला किया।

[कमेंट: ***जब पुराने कपड़े चले जाते हैं, तो भगवान हमें अपने तरीकों पर चलना सिखाते हैं, न कि पुराने "सुरक्षा कवच" पर (Prov 3:5–6) ।]***

जिन व्यापारियों से मैंने पैसे उधार लिए थे, वे मेरा पीछा करने लगे। कुछ ने पुलिस को बुलाया, दूसरों ने कानून अपने हाथ में ले लिया और मेरी जान लेने का प्लान बनाया। एकमात्र उपाय यह था कि मैं अपने बैंक अकाउंट बंद कर दूं और मेरे पास जो भी पैसा था, उससे सारे कर्ज़ चुका दूं। भगवान की कृपा से, मैंने लागोस में अपने मकान मालिक के N1,000 को छोड़कर बाकी सब चुका दिए। मैं पूरी तरह से दिवालिया हो गया और टैक्सी के किराए के लिए भी 20 कोबो उधार लेता था।

[कमेंट: ***छुटकारा मिलने के बाद अक्सर बहुत ज़्यादा दबाव आता है; भगवान इसका इस्तेमाल घमंड को खत्म करने और नई निर्भरता बनाने के लिए करते हैं।]***

मैं कुछ बिज़नेस क्रिश्चियन लोगों के पास गया जिन्हें मैं तब जानता था, ताकि मैं नई शुरुआत कर सकूँ। किसी ने हाँ या ना नहीं कहा, बल्कि मुझसे बार-बार अगले दिन आने को कहा जाता, जब तक कि मैं थक न जाऊँ या मुझे मदद न मिल जाए। मुझे भगवान का वचन नहीं पता था और मेरे दिल में इतनी उलझन थी कि मैं बाइबिल पढ़ता और समझ नहीं पाता था। अभी भी सोच रहा था कि क्या करूँ, तभी मुझे अपने गाँव से एक अर्जेंट कॉल आया। मैं भागकर घर गया और पाया कि जिस छोटी सी बिल्डिंग को मैं बना रहा था, उसे मेरे चाचा ने गिरा दिया था, जो वहाँ मौजूद थे और मुझे जान से मारने की धमकी दे रहे थे। मेरे पुराने स्वभाव को चुनौती मिली। मुझे याद आया जब मैं सीक्रेट सोसाइटी के साथ था, तो वह मुझसे कैसे डरता था और मेरे सामने घुटनों पर बैठ जाता था। लेकिन अब वह जानता था कि मैं बदल गया हूँ (वह कैसे जानता था कि मैं नहीं जानता था क्योंकि मैं अपने धर्म बदलने के बाद से घर नहीं गया था) और अब वह मुझे धमकी देता था। मैंने भगवान को पुकारा और कहा: "तो आपने मुझे बचाया ताकि मैं निराश रहूँ और मेरे दुश्मन मुझ पर खुश हों!" मैं रोया और सोसाइटी में वापस जाने का फैसला किया।

[कमेंट: ***लालच की क्लासिक बात— हताश होना पीछे हटने को बुलावा देता है। भगवान से दुख मनाओ, गुलामी में वापस मत जाओ (भजन 42) /]***

शैतान के एजेंटों के साथ लड़ाई

[कमेंट: ***आगे जो बताया गया है, वह कन्वर्ज़न के बाद के काउंटरअटैक और उनसे कैसे निपटना है, यह दिखाता है।]***

इस दौरान क्वीन ऑफ़ द कोस्ट के एजेंट्स ने मेरा पीछा करना शुरू कर दिया। मुझे उनके हाथों बहुत तकलीफ़ हुई। मुझे बुरे सपने आते थे। 1 मई 1985 को, मेरे धर्म बदलने के एक महीने बाद, सुबह करीब 2.00 बजे, घर में दूसरे लोग सो रहे थे। इन एजेंट्स ने मुझे जगाया। उन्होंने मुझे घर से बाहर निकलने का हुक्म दिया। मैंने उनकी बात मानी, बाहर निकला और वे मेरे पीछे-पीछे आए। यह सब एक सपने जैसा हो रहा था लेकिन यह असलियत थी। हम पोर्ट हारकोर्ट में अबा रोड के पास सेंट पॉल्स एंग्लिकन चर्च के पास बनी कब्रगाह की ओर बढ़े।

[कमेंट: ***सोने के समय मैनिपुलेशन और ज़बरदस्ती करना आम बात है; जीसस में अधिकार इसे तोड़ता है (लूका 10:19) ।]***

वहाँ पहुँचने पर उन्होंने कहा: “तुम्हें वापस आना होगा। अगर तुमने मना किया तो हम तुम्हें मार देंगे या बेसहारा बना देंगे।” इस इंस्ट्रक्शन के बाद वे चले गए। मुझे होश आया और मैं सोचने लगा कि मैं कब्रिस्तान में कैसे आ गया। मैं वापस बिस्तर पर गया और सो गया। उन्होंने दोपहर में मुझ पर हमला करने का फैसला किया। कभी-कभी, सड़क पर चलते हुए वे मुझसे लड़ते थे। आस-पास के दूसरे लोग मुझे हवा से लड़ते हुए या ऐसे भागते हुए देखते

जैसे कोई मेरा पीछा कर रहा हो। सिर्फ़ मैं ही उन्हें देख रहा होता। उन्होंने ऐसा चार बार किया और रुक गए। फिर उनकी लीडर, क्वीन ऑफ़ द कोस्ट ने कमान संभाली। पहले दिन वह एक कार में आई और हमारे घर के पास पार्क कर दी। वह अच्छे कपड़े पहने थी और हमेशा की तरह बहुत सुंदर थी। आस-पास के लोगों ने उसे मेरी गर्लफ्रेंड समझ लिया। जैसे ही वह अंदर आई, मुझे तुरंत पता चल गया कि वह कौन है। वह दोपहर करीब 12.00 बजे आई जब पूरा इलाका कम बिज़ी था। वह बैठ गई और दूसरी बातों के साथ-साथ कहा: "तुम अपने चर्च जा सकते हो, जो चाहो मान सकते हो, लेकिन अगर तुम मुझे नहीं बताओगे, तो मैं तुम्हें इस ज़िंदगी में जो कुछ भी चाहिए वह दूँगी।" मुझे धर्मग्रंथों के बारे में नहीं पता था इसलिए मैंने सिर्फ़ उसकी बातें सुनीं और देखीं। उसने मुझसे गुज़ारिश की और मुझे अपने पास वापस आने के लिए मनाने की कोशिश की। मैंने उसे कभी हाँ या ना नहीं कहा। वह उठी, अपनी कार में बैठी और चली गई।

*[कमेंट: **दुश्मन चुप रहने के लिए मोलभाव करता है। इफिसियों 5:11 —" कोई मेलजोल मत रखो... बल्कि पर्दाफ़ाश करो।"**]*

करीब दो बार मेरे चाचा की पत्नी ने बिना जाने कि वह कौन है, उसकी मेहमान-नवाज़ी की और मैंने अपने चाचा की पत्नी को कभी नहीं बताया कि वह औरत कौन है। अपनी पिछली मुलाक़ात के दौरान उसने अपना तरीका बदल दिया। इस बार उसने मुझे कड़ी चेतावनी देते हुए कहा कि उसने इन मुलाक़ातों के दौरान मुझे वापस अपने पास आने के लिए मनाने की कोशिश की थी और मैं बहुत ज़िद्दी हो गया था, और यह उसकी आखिरी मुलाक़ात थी।

अगर मैंने फिर भी वापस आने से मना किया, तो वह अगस्त में मेरे पास आएगी और या तो मुझे मार डालेगी, या मेरा चेहरा बिगाड़ देगी या मुझे बेसहारा कर देगी। यह कहकर वह चली गई।
*[कमेंट: **जब मनाने का कोई फ़ायदा नहीं होता तो धमकियाँ बढ़ जाती हैं। यशायाह 54:17 ढाल है— मज़बूत रहो।**]*

मुझे डर लग रहा था, इसलिए एक दिन मैं चर्च गया और एक भाई को बुलाया। मैंने उन्हें अपनी परेशानियाँ और चर्च के कुछ सदस्यों के बारे में अपनी राय वगैरह बताईं। इस भाई ने मुझे स्क्रिप्चर यूनियन (SU) के ऑफिस का पता दिया और कहा: "वहाँ तुम्हें मदद मिलेगी।" इत्तेफ़ाक से, वह आखिरी दिन था जब मैंने इस "भाई" को देखा था। मैंने आज तक उन्हें पोर्ट हारकोर्ट में कहीं नहीं देखा था। मैंने पता लिया और अगले दिन, टैक्सी लेकर नंबर 108 बॉनी स्ट्रीट गया, जहाँ ऑफिस है और उस टाइपिस्ट से मिला जिसने मुझे SU रुमुओमासी पिलग्रिम्स ग्रुप की एक्टिविटीज़ का क्वार्टरली प्रोग्राम दिया, जो मेरे सबसे पास थी। उसने कहा: "रविवार को आना!" मैं दोपहर 2.00 बजे फ़ेलोशिप सेंटर - सेंट माइकल्स स्टेट स्कूल, रुमुओमासी - में था, यह नहीं जानते हुए कि फ़ेलोशिप दोपहर 3.00 बजे शुरू होती है, लेकिन मैं प्रेयर बैंड से मिला, इसलिए मैं उनके साथ हो लिया।
*[कमेंट: **भगवान अक्सर आसान तरीकों से गाइड करते हैं— प्रार्थना करने वाले, वर्ड-सेंटर्ड कम्युनिटी ढूंढें और प्लग इन करें।**]*

कम से कम मैं सारी उलझन से बच जाऊँगा और अपने चाचा को ऐसा सबक सिखाऊँगा जो वे ज़िंदगी भर नहीं भूलेंगे। हालाँकि मैंने यह फ़ैसला ले लिया था, लेकिन मेरे अंदर दो बड़े डर थे:

1. मेरे धर्म बदलने के दौरान, प्रभु ने मुझसे साफ़-साफ़ कहा: "यह तुम्हारा आखिरी मौका है।" मेरे समाज में वापस जाने का मतलब मौत हो सकती है, सिर्फ़ शारीरिक ही नहीं बल्कि रूहानी मौत भी।
2. अगर मैं प्रभु में रहता, तो मेरे चाचा मुझे जान से मारने की धमकी दे रहे थे।

   मैं बहुत कन्फ्यूज था और मुझे मदद की ज़रूरत थी। मुझे परमेश्वर के वचन के बारे में पता नहीं था और मुझे कभी नहीं पता था कि वचन ऊपर बताई गई बातों के बारे में क्या कहता है। प्रिय पाठक, आप यहाँ महसूस करेंगे कि एक युवा धर्म बदलने वाले के तौर पर फॉलो-अप की कमी के कारण मुझे ये सारे कन्फ्यूजन थे। युवा धर्म बदलने वालों के लिए फॉलो-अप बहुत ज़रूरी है और ईसाइयों को इसे गंभीरता से लेना चाहिए। अगर आप जानते हैं कि आप अपने धर्म बदलने वालों को फॉलो-अप नहीं कर सकते, तो कृपया गवाही देने के लिए बाहर न जाएँ। यीशु मसीह ने इस बात पर तीन बार ज़ोर दिया जब उन्होंने पीटर से पूछा: "हे शमौन, योना के बेटे, क्या तू इनसे ज़्यादा मुझसे प्यार करता है ?... मेरे मेमनों को चरा।" कई धर्म बदलने वाले सही फॉलो-अप की कमी के कारण पीछे हट जाते हैं। अगर आप यीशु से प्यार करते हैं, तो उनके

मेमनों का ख्याल रखें!

*[टिप्पणी: **चर्चों को ज़ोरदार सलाह: प्रचार को शिष्य बनाने के साथ जोड़ा जाना चाहिए (यूहन्ना 21:15–17) /]***

उस दिन की फेलोशिप के बाद मुझे पता चल गया कि यह मेरे लिए सही जगह है। भगवान ने मुझे एक क्रिश्चियन लेडी दी, जिसे मैंने माँ की तरह माना, जिसने मुझे भगवान का वचन समझाने में दिलचस्पी ली और मुझे सलाह भी दी। भाइयों को मुझमें बहुत दिलचस्पी हो गई और उन्होंने मेरी परवाह की। मैंने सच्चा प्यार देखा। पवित्र आत्मा ने मुझे वचन की समझ देना शुरू किया और मेरा विश्वास बढ़ा। लेकिन क्वीन ऑफ़ द कोस्ट ने जैसा धमकाया था, वैसा नहीं दिखाया। भजन 91, भगवान की सुरक्षा, मेरे जीवन में पूरी हुई। यशायाह 54:17: "कोई भी हथियार जो तुम्हारे खिलाफ बनाया जाए, कामयाब नहीं होगा; और हर ज़बान जो तुम्हारे खिलाफ़ न्याय करने के लिए उठेगी, तुम उसे दोषी ठहराओगे। यह प्रभु के सेवकों की विरासत है, और उनका नेक काम मुझसे है, प्रभु ने कहा।" यह भी पूरा हुआ।

*[कमेंट: **स्थायी समुदाय + शास्त्र = सुरक्षा और विकास। भगवान अपनी बात रखते हैं।]***

सितंबर 1985 में, मुझे एक मैसेज मिला कि मेरा नाम सिल्वर ब्रांड सीमेंट, लागोस के डिस्ट्रीब्यूटर के तौर पर आया है और मुझे 27/9/85 को ऑफिस में रिपोर्ट करना है। मैं 26/9/85 को पोर्ट हारकोर्ट से निकला और रात में लागोस पहुँचा। अगली सुबह 27/9/85 को, मैं ऑफिस गया तो पर्सनल मैनेजर ने बताया कि

मेरा अलोकेशन किसी और को दे दिया गया है। उसने मुझे अगले दिन 28/9/85 को मैनेजिंग डायरेक्टर से मिलने के लिए दोबारा आने को कहा। अपने फ्लैट वापस जाते समय, एक रास्ते से गुज़रते हुए, कोई पीछे से आया और मुझे पकड़ लिया और मेरा दम घोंटने की कोशिश की, यानी मेरी नाक और मुँह बंद कर दिया। मैं जान बचाने के लिए जूझ रहा था और जब लोग गुज़र रहे थे, तो कोई मुझे बचाने नहीं आया, लेकिन भगवान ने बीच में आकर मुझे रोक लिया। जब मैं अभी भी हाथों से जूझ रहा था , तो मैंने उसे चिल्लाते हुए सुना और उसने मुझे धक्का देकर कहा: "तुम्हारे पीछे वह कौन है?" उसने दूसरी बार दोहराया और गायब हो गई। आवाज़ से मुझे पता चल गया कि वह एक औरत है लेकिन मैंने कभी नहीं देखा कि वह कौन थी। मैं हैरान और लड़खड़ाता हुआ अपने फ्लैट पर गया।

*[कमेंट: **स्वर्गदूतों का दखल सच है (भजन 34:7) । पैसे का दबाव + मारपीट अक्सर एक साथ आते हैं।]***

यहाँ भी मेरा मकान मालिक बहुत गुस्से में था और बोला: "तुम मेरे किराए के पैसे लेकर क्यों भागे?" मैंने उससे बहुत मिन्नतें कीं और समझाने की कोशिश की कि अभी मैं काम नहीं कर रहा हूँ और जैसे ही मेरे पास पैसे होंगे, मैं उसके सारे पैसे चुका दूँगा। जिस तरह से वह मान गया, मुझे लगा कि यह मामला सुलझ गया। अगले दिन 28/9/85 को, मैं ऑफिस वापस गया और मैनेजिंग डायरेक्टर से मिला, जिन्होंने मेरा अलॉटमेंट किसी और को देने के लिए माफ़ी माँगी। जब वह अभी भी बात कर रहे थे, तो एक जवान लड़का अंदर आया और मुझसे पूछा: "क्या तुम इमैनुएल नहीं हो?"

मैंने कहा: "हाँ, मैं हूँ।" उसने कहा: "हाँ, हमने तुम्हें आखिरकार पकड़ लिया! क्या तुम भागना बंद कर चुके हो? हम कई बार पोर्ट हारकोर्ट गए हैं और पाया है कि तुम हमेशा अपनी स्पिरिचुअल माँ के साथ थे। वह हमारे लिए एक रुकावट थी और अब जब तुम लागोस आ गए हो तो हमने तुम्हें पकड़ लिया है! तुम कभी पोर्ट हारकोर्ट वापस नहीं जा सकते। मैंने ही तुम्हारा अलॉटमेंट लिया है।" मैंने उसे चैलेंज किया और कहा: "तुम कुछ नहीं कर सकते!" मैनेजिंग डायरेक्टर अपने ऑफिस में जो हो रहा था, उससे हैरान था। मैंने माफ़ी मांगी और फ्लैट के लिए निकल गया।
*[कमेंट: **दुश्मन "कवरिंग्स" (आध्यात्मिक माता/ पिता) को टारगेट करता है। जुड़े रहें; अलग-थलग न रहें।**]*

कुछ मिनट बाद मैंने अपने दरवाज़े पर दस्तक सुनी और नीना अंदर आई। उसने मुझसे पूछा कि क्या मैं पोर्ट हारकोर्ट वापस जा रहा हूँ। मैंने हाँ में जवाब दिया। उसने मुझसे उनके पास वापस आने की गुज़ारिश की और कहा कि जिन कामों के लिए मुझे खास तौर पर ट्रेनिंग दी गई थी, वे अभी भी अधूरे पड़े हैं: KOTIPARI (योरूबा भाषा में)। मुझे ट्रेनिंग दी गई थी:

- शैतानी ताकतों के एजेंट का इंचार्ज होना।
- "समुद्री नियंत्रण कक्ष" का प्रभारी होना, दुनिया में हो रही गतिविधियों पर नज़र रखना, संकेत भेजना और प्राप्त करना, तथा सेनाओं को जुटाना आदि।

- कोस्ट की रानी के बगल में होना। इसमें न सिर्फ़ रस्में, बलिदान, उनके द्वारा खास काम पूरे करना शामिल था, बल्कि दूसरी चीज़ें भी थीं जिन्हें समझाना मुश्किल है।
- अंधेरे की ताकतों की मदद से, नए सीक्रेट समाज बनाने के लिए जो नुकसान न पहुँचाने वाले लगें ताकि जवान लोगों और ज़्यादा चर्च जाने वालों को अट्रैक्ट किया जा सके। उसने कहा, अगर मैं उसके साथ गया, तो मुझे डबल प्रमोशन और बहुत सारे आशीर्वाद मिलेंगे। उसने माना कि वे मेरा सामान ज़ब्त करने और चोरी होने के लिए ज़िम्मेदार थे, और यह भी कि उन्होंने मेरे चाचा को मेरी बिल्डिंग तोड़ने और मेरी जान को खतरा पहुँचाने के लिए उकसाया था। कि अगर मैंने उसके पीछे चलने से मना कर दिया, तो वे और भी कुछ करेंगे और पक्का करेंगे कि मैं कामयाब न होऊँ। कि उन्होंने मेरी स्पिरिचुअल माँ से लड़ने का फैसला किया था: "अगर हम उसे पकड़ लेते हैं, तो हम तुम्हें पकड़ लेंगे" उसने कहा। इस पर, मैंने उसे उपदेश देना शुरू कर दिया। वह खड़ी हुई और बोली: "वे तुम्हें धोखा दे रहे हैं," और चली गई। यह 28/9/85 की शाम को हुआ।

  *[कमेंट: **लालच + डराना-धमकाना पैकेज: प्रमोशन के ऑफर, प्रोविजन की धमकियाँ, और मेंटर्स को टारगेट करना।]***

उसके जाने के करीब पंद्रह मिनट बाद ही मैंने फिर से दस्तक सुनी। इस बार वे चार आदमी थे। उन्होंने मुझे बाहर आने का

इशारा किया और मैंने खुद को उनके साथ जाते हुए देखा। हम करीब 2 खंभों तक गए और उनमें से एक ने मुझसे पूछा: “क्या तुम हमें जानते हो?” मैंने कहा नहीं। उसने आगे कहा: “हमें तुम्हारे मकान मालिक ने तुम्हें मारने के लिए हायर किया है।” जब वह अभी भी बोल रहा था, उनमें से एक ने बंदूक निकाली और दूसरे ने खंजर। मैं बेबस था और जानता था कि वे मुझे मार डालेंगे, लेकिन भगवान ने अपने अलौकिक तरीके से एक चमत्कार किया जिसने मुझे और उन्हें दोनों को हैरान कर दिया। बंदूक वाले आदमी ने मुझ पर गोली चलाई लेकिन कोई आवाज़ नहीं आई। खंजर वाले आदमी ने मेरी पीठ पर गोली चलाई लेकिन वह अंदर नहीं घुसी, बल्कि ऐसा लगा जैसे किसी पर रॉड से हमला किया हो। वे भी उतने ही डरे हुए थे जितना मैं था। भगवान की आत्मा मुझ पर आई और मैंने उपदेश देना शुरू कर दिया। उनमें से तीन भाग गए, लेकिन चौथा आदमी टूट गया और रोने लगा और विनती करने लगा कि मैं उसके लिए प्रार्थना करूँ। मुझे उस समय यह भी नहीं पता था कि क्या प्रार्थना करनी है, मैंने बस इतना कहा: “हे प्रभु, प्लीज़ उसे माफ़ कर दो, भूल जाओ और माफ़ कर दो। आमीन!” उसने अपनी जान क्राइस्ट को दे दी, इसलिए मैं उसे एक पेंटेकोस्टल चर्च ले गया और पादरी को बताया कि क्या हुआ था। मैंने उसे पादरी को सौंप दिया और चला आया। जैसे ही मैं घर में गया, मकान मालिक बाहर भागा और घुटनों के बल बैठकर गिड़गिड़ाने लगा और कहा: “प्लीज़ मुझे माफ़ कर दो। मुझे लगा कि तुम मेरे पैसे (N1,000) की वजह से पोर्ट हारकोर्ट भाग गए हो।” मैंने उसे माफ़ कर दिया और हम आखिर में इस बात पर राज़ी हो गए कि पैसे किश्तों में दिए जाएं।

*[कमेंट: **ईसा 54:17 एक्शन में। भगवान हमलों को मुक्ति के पलों में बदल देते हैं; माफ़ी बदला लेने का दरवाज़ा बंद कर देती है।]***

उसी रात, करीब 2:00 बजे भगवान ने मुझे जगाया। मुझे नहीं पता था कि मैं क्यों उठा, इसलिए मैं लिविंग रूम में गया और मैंने देखा कि एक बड़ा कछुआ मेरे सामने खड़ा है। मुझे तुरंत पोर्ट हारकोर्ट में हुई बाइबल स्टडी याद आ गई, जिसमें वचन की शक्ति के बारे में बताया गया था। फिर मैंने ये शब्द कहे: "कछुए, जब से मैं पैदा हुआ हूँ, कछुए का घर या तो झाड़ी है या समुद्र, लेकिन जब खिड़कियाँ और दरवाज़े बंद थे, तब मेरे घर में आने के लिए तुमने पाप किया है, और इसके लिए तुम्हें मरना होगा।" जैसे ही मैंने यह कहा, वह गायब हो गया। मैं वापस कमरे में गया और सो गया। दूसरी बार, मैं उठा और लिविंग रूम में कुछ आवाज़ सुनी। मैं गया और वहाँ मेरे सामने एक भयानक दिखने वाला गिद्ध खड़ा था। मैंने वही शब्द दोहराए और जैसे ही मैंने कहा: "यह पाप करने के लिए तुम्हें मरना होगा," वह भी गायब हो गया। इस लागोस ट्रिप के दौरान मैंने भगवान की अच्छाई, महानता और ईमानदारी देखी।

*[टिप्पणी: **बोली गई, पवित्रशास्त्र से जुड़ी हुई अथॉरिटी मायने रखती है (मत्ती 4:10–11; अय्यूब 22:28).]***

अगली सुबह 29/9/85 को, मैंने पोर्ट हारकोर्ट के लिए एक शानदार बस ली। ओरे पहुँचकर, बस एक पेड़ से टकरा गई। बस डैमेज हो गई लेकिन किसी को चोट नहीं आई। ड्राइवर ने बस को वापस सड़क पर खींच लिया और जैसे ही वह बस चला रहा था, बस सड़क

के एक तरफ से दूसरी तरफ मुड़ने लगी। मुझे नीना की धमकियाँ याद थीं, इसलिए मैं बस में खड़ा हुआ, पैसेंजर्स को उपदेश दिया और यह कहकर बात खत्म की: "मेरी वजह से ये एक्सीडेंट हो रहे हैं। लेकिन अब से, जब तक हम पोर्ट हारकोर्ट नहीं पहुँच जाते, तब तक कोई एक्सीडेंट नहीं होगा, जीसस के नाम पर!" और मैं बैठ गया। असल में, जब मैं बैठा, तो मुझे हैरानी हुई कि मैंने क्या कहा था। और ऐसा ही हुआ। गाड़ी पोर्ट हारकोर्ट तक आराम से चली गई। कोई और एक्सीडेंट या ब्रेकडाउन नहीं हुआ। धर्मग्रंथ सही कहता है: "देखो, वे ज़रूर इकट्ठा होंगे, लेकिन मेरी तरफ से नहीं: जो कोई तुम्हारे खिलाफ इकट्ठा होगा, वह तुम्हारे लिए गिरेगा" (यशायाह 54:15)। उन्होंने (क्वीन ऑफ़ द कोस्ट और उनके एजेंट्स ने) कोशिश की, लेकिन क्योंकि उनका इकट्ठा होना प्रभु के लिए नहीं बल्कि उनके बच्चे के खिलाफ था, वे सब लड़खड़ा गए और गिर गए। "जब दुश्मन बाढ़ की तरह आएगा, तो परमेश्वर की आत्मा उसके खिलाफ एक झंडा उठाएगी" (यशायाह 59:19)। मैं परमेश्वर को मेरी तरफ से खुद को मज़बूत दिखाने के लिए सारी तारीफ़ देता हूँ।

*[कमेंट: **मसीह के अधिकार के तहत विश्वास कबूल करना एक संकट को स्थिर कर सकता है (मरकुस 11:23)। आखिरी तारीफ़ जीत पक्की करती है।**]*

फील्ड गाइड: मुक्ति के बाद आगे बढ़ना

- **अपनेपन का एहसास करें**: वर्ड-स्पिरिट चर्च में शामिल हों; मेंटरशिप लें।
- **बनाएं**: रोज़ाना पवित्र शास्त्र + प्रार्थना (ज़ोर से बोलें); समय-समय पर उपवास रखें।
- **तोड़ो**: सभी पुराने वादे छोड़ दो; जादू-टोने की चीज़ों को नष्ट कर दो (प्रेरितों 19:19)।
- **सीमाएं**: कोई सीक्रेट सौदे नहीं; रहस्यमयी "दोस्तों" से कोई संपर्क नहीं।
- **युद्ध**: पापस्वीकार, प्रभु भोज और आज्ञाकारी प्रार्थना का प्रयोग करें (इफिसियों 6:10–18)।
- **गवाही दें**: अपनी गवाही समझदारी से दें; इससे इल्ज़ाम बेअसर हो जाते हैं (प्रकाशितवाक्य 12:11)।

सुरक्षा और दृढ़ता की प्रार्थना

प्रभु यीशु, आप मेरे चरवाहे हैं। मैं आपकी आवाज़ सुनता हूँ और आपके पीछे चलता हूँ। मैं अंधेरे की हर धमकी, सौदेबाज़ी और डर को छोड़ देता हूँ। मुझे अपनी आग से घेर लें, मेरे रास्ते पर फ़रिश्ते भेज दें, और मुझे अपने वचन और समाज में बनाए रखें। मेरे खिलाफ़ बनाया गया कोई भी हथियार कामयाब नहीं होगा। मैं

आपके हाथ में रहता हूँ—अभी और हमेशा। आमीन। *(यूहन्ना 10:27–28; यशायाह 54:17; भजन 91)*

चैप्टर 7: शैतान के एजेंट्स की एक्टिविटीज़

«परमेश्वर के सारे हथियार पहन लो, ताकि तुम शैतान की चालों का सामना कर सको।
क्योंकि हम मांस और खून से नहीं, बल्कि राज करने वालों से, ताकतों से, इस दुनिया के अंधेरे के शासकों से, और ऊँची जगहों पर मौजूद रूहानी बुराई से लड़ते हैं»— *इफिसियों 6:11–12*

यह किताब पूरी नहीं होगी अगर इन शक्तियों के काम करने के अलग-अलग तरीकों को सामने न लाया जाए। साथ ही, यह भी ज़रूरी है कि जिन अलग-अलग रूपों में वे खुद को दिखाती हैं, उन्हें भी सामने लाया जाए।
*[कमेंट: **सामने लाने का मकसद अंधेरे को बड़ा दिखाना नहीं है, बल्कि विश्वासियों को समझदारी देना है** (2 Cor 2:11) /]*

एक बात साफ़ है और वह यह है कि शैतान या तो आपको यह मानने के लिए उकसाएगा कि वह एक मनगढ़ंत कहानी है या सिर्फ़ बुरे विचार हैं, या फिर वह आपको अपनी ताकत ज़्यादा और भगवान की ताकत कम दिखाएगा। जबकि बाइबिल कहती है:

"हम मांस और खून से नहीं, बल्कि राज करने वालों से, ताकतों से, इस दुनिया के अंधेरे के राज करने वालों से, ऊँची जगहों पर मौजूद रूहानी बुराई से लड़ते हैं," बाइबिल यह भी कहती है कि शैतान और उसके एजेंट्स के खिलाफ ईसाइयों के हथियार "शारीरिक नहीं हैं, बल्कि भगवान के ज़रिए मज़बूत हैं ताकि मज़बूत किले गिरा दिए जाएं, कल्पनाओं और हर ऊँची चीज़ को जो भगवान के ज्ञान के खिलाफ़ खुद को ऊँचा उठाती है , गिरा दिया जाए , और हर सोच को मसीह की आज्ञा मानने के लिए कैद कर लिया जाए" (2 कुरिन्थियों 10:4–5)।
*[कमेंट: **ईसाइयों की लड़ाई रूहानी है, जो सच, आज्ञा मानने और मसीह के अधिकार से लड़ी जाती है— डर से नहीं।**]*

फिर से पवित्र शास्त्र साफ़-साफ़ कहते हैं: "परमेश्वर का पुत्र इसी मकसद से प्रकट हुआ कि वह शैतान के कामों को खत्म कर दे" (1 यूहन्ना 3:8)। और यीशु ने राज और अधिकार लूट लिए थे, और उन पर जीत हासिल करके उन्हें खुलेआम दिखाया।
*[टिप्पणी: **मसीह की जीत पहले ही पूरी हो चुकी है; हमारी लड़ाई उसके पूरे किए गए काम को पूरा करती है (कुलुस्सियों 2:15) ।**]*

"तू अपने मुँह की बातों से फँस गया है, तू अपने मुँह की बातों से फँस गया है" (नीतिवचन 6:2) शास्त्र कहता है। इसलिए परमेश्वर के बच्चे को परमेश्वर के वचन को मानने में सावधानी बरतनी चाहिए, जिसका परमेश्वर ने वादा किया है कि वह उसे जल्द पूरा करेगा।
परमेश्वर के वचन में तीन बातें बताई गई हैं:

1. मसीह के प्रभु होने का कबूलनामा।
2. वचन, मसीह और परमेश्वर पिता में विश्वास का कबूलनामा।
3. पाप कबूल करना।
   *[टिप्पणी: **कबूल करना सिर्फ़ पछतावे के बारे में नहीं है— यह ईश्वरीय सत्य के साथ तालमेल बिठाना है (रोमियों 10:9–10) /]***

जब हम "कन्फेशन" शब्द सुनते हैं, तो हम आसानी से पाप के बारे में सोचते हैं। डिक्शनरी में कन्फेशन की परिभाषा है:

1. जिस चीज़ पर हम विश्वास करते हैं, उसे पक्का करना।
2. किसी ऐसी बात की गवाही देना जो हम जानते हैं।
3. एक सच्चाई की गवाही जिसे हमने अपनाया है।
   इसलिए यह अफ़सोस की बात है कि जब भी हम कन्फ़ेशन शब्द का इस्तेमाल करते हैं तो कुछ मन पाप की ओर भागते हैं। लेखक यहाँ परमेश्वर के बच्चे को आज से ही परमेश्वर ने जो कहा है उसे कन्फ़ेशन करने के लिए हिम्मत दे रहा है। तुम जो गुनाहों में मरे हुए थे, परमेश्वर ने मसीह के साथ ज़िंदा किया और उसने तुम्हें मसीह यीशु में एक साथ ज़िंदा किया और स्वर्ग की जगहों पर (प्रधानों और शक्तियों से बहुत ऊपर) बिठाया है। इसलिए ईसाइयों को यह समझना चाहिए कि वे कहाँ बैठे हैं। उन्हें पता होना चाहिए कि वे उस ऊँचाई से काम कर रहे हैं, शैतान और उसके एजेंटों से ऊपर।

*[टिप्पणी: **एक विश्वासी की लड़ाई ऊपर जीत से शुरू होती है , नीचे संघर्ष से नहीं** (Eph 2:6) ।]*

प्रभु यीशु मसीह ने तुम्हें सारी शक्तियाँ और अधिकार दिए हैं, ठीक वैसे ही जैसे उसने तुम्हें जीवन और भक्ति से जुड़ी हर चीज़ दी है (2 पतरस 1:3)। परमेश्वर ने कभी नहीं चाहा कि हालात उसके बच्चों को कंट्रोल करें, बल्कि यह चाहा कि एक ईसाई के मुँह से निकला परमेश्वर का वचन उसके हालात को कंट्रोल करे।
परमेश्वर ने यिर्मयाह 23:29 में कहा: "क्या मेरा वचन आग जैसा नहीं है? प्रभु कहता है; और क्या वह हथौड़े जैसा नहीं है जो चट्टान को टुकड़े-टुकड़े कर देता है ?" ईसाइयों, मेरा मतलब है, दोबारा जन्मे ईसाइयों को यह समझना चाहिए कि जब यीशु का नाम लिया जाता है, तो उनके मुँह से आग निकलती है।
*[टिप्पणी: **यिर्मयाह 23:29 भविष्यवाणी की शक्ति को दिखाता है— वचन में खुद ताकत होती है।**]*

जब कोई ईसाई मसीह से मिले अधिकार पर खड़ा होता है और यीशु के नाम पर कोई हुक्म देता है, तो उसके मुंह से आग निकलती है और हालात को कंट्रोल करने वाले किसी भी शैतान को उसकी बात माननी पड़ती है। यीशु आज भी ज़िंदा हैं ताकि यह देख सकें कि उनकी हर बात पूरी हो। फिर से, मैं एक ज़रूरी बात बताना चाहता हूँ जिसे बहुत से ईसाई नज़रअंदाज़ कर देते हैं, और जिसका शैतान इस्तेमाल कर रहा है।
जब पीटर ने यीशु को प्रभु द्वारा श्रापित सूखे अंजीर के पेड़ की ओर इशारा किया, तो उन्होंने कहा:

(मैथ्यू का वृत्तांत)
“मैं तुमसे सच कहता हूँ, अगर तुममें विश्वास है और तुम शक नहीं करते, तो तुम न केवल यह करोगे जो अंजीर के पेड़ के साथ किया गया, बल्कि अगर तुम इस पहाड़ से कहो, हट जाओ और समुद्र में जा गिरो, तो यह हो जाएगा। और जो कुछ तुम प्रार्थना में विश्वास के साथ मांगोगे, वह सब तुम्हें मिलेगा” (मैथ्यू 21:21–22)।

(मार्क का वृत्तांत)
“परमेश्वर पर विश्वास रखो। क्योंकि मैं तुमसे सच कहता हूँ, कि जो कोई इस पहाड़ से कहेगा, कि तू उखड़ जा और समुद्र में जा पड़, और अपने मन में सन्देह न करे, परन्तु विश्वास करे कि जो बातें उसने कही हैं, वे पूरी होंगी, तो जो कुछ वह कहेगा, वह उसके लिए होगा” (मार्क 11:22–23)।

यहाँ प्रभु हमें बोले गए शब्द की शक्ति के बारे में बताते हैं और ईसाई को अपनी प्रार्थनाओं और अपने अधिकार का इस्तेमाल करते समय खास होने के लिए भी बढ़ावा देते हैं। कुछ ईसाई पहाड़ से हटने के लिए कहते हैं, लेकिन पहाड़ को यह नहीं बताते कि कहाँ जाना है। यीशु ने कहा कि अगर तुम पहाड़ से कहो: “ तू हट जा और समुद्र में जा गिर...”
*[टिप्पणी: **प्रार्थना और अधिकार में सटीकता मायने रखती है—यीशु ने खासियत का उदाहरण दिया।**]*

उदाहरण के लिए, आइए हम राक्षसों को निकालने का मामला लें। कुछ ईसाई राक्षसों को बांधते हैं और उन्हें बिना किसी खास जगह

पर भेजे निकाल देते हैं। यह खतरनाक है। जब आप किसी राक्षस को बांधते हैं तो वह बंधा रहता है। अगर आप उसे बिना किसी खास जगह पर भेजे निकाल देते हैं, तो वह आस-पास ही रहता है। अगर राक्षस को सिर्फ़ किसी आदमी से डांटकर निकाल दिया जाए, तो वह बाद में वापस आ सकता है या आस-पास के किसी भी ऐसे व्यक्ति में घुस सकता है जो ईसाई नहीं है। इसलिए ईसाइयों को राक्षसों से निपटते समय सावधान रहना चाहिए। पक्का करें कि राक्षस को बांधा जाए, निकाला जाए और एक खास जगह पर भेजा जाए (और दोबारा अंदर आने से मना करें)।
[टिप्पणी: ***मुक्ति आत्मा के नेतृत्व में होनी चाहिए, फ़ॉर्मूले से नहीं; अधिकार + समझ।]***

कुछ ईसाई प्रार्थना करते समय कहते हैं: "मैं तुम शैतानों को यीशु के नाम पर गिरफ्तार करता हूँ।" आत्मिक दुनिया में आप असल में शैतानों को अगले आदेश का इंतज़ार करते हुए सीधा खड़ा देखते हैं। लेकिन अगर ईसाई उस समय रुक जाता है, तो उसने पीड़ित की मदद नहीं की है। शैतान के साथ खिलवाड़ मत करो। तुम अपने दुश्मन के साथ खिलवाड़ मत करो। भगवान ने तुम्हें छुटकारा और मेल-मिलाप (इंसानों को भगवान से मिलाना) की सेवा पर भेजा है। इसलिए तुम्हें पूरी तरह से काम करने में सावधान रहना चाहिए।
[टिप्पणी: ***आत्मिक अधिकार के साथ पूरा होना भी ज़रूरी है—आधी आज्ञा मानने से मौके मिलते हैं।]***

मैं दोहराता हूँ, जब आप किसी शैतान को बाँधते हैं, तो वह बंध जाता है। जब आप उसे किसी भी जगह पर फेंक देते हैं, तो वह बंध जाता है। जब तक आप पाप में दखल नहीं देते, बल्कि भगवान की मर्ज़ी से जीते हैं, तब तक आप शैतान या उसके एजेंट्स को जीसस के नाम पर जो भी हुक्म देते हैं, उसे मानना ही होगा। भगवान ने अपने हर शब्द का साथ देने का वादा किया है। जैसे-जैसे हम अगले फेज़, शैतान और उसके एजेंट्स के दिखने की तरफ़ बढ़ेंगे, मैं चाहता हूँ कि आप नीचे दिए गए हिस्से अपने दिमाग में रखें:

1. "तुम उसमें पूरे हो गए हो, जो सारी प्रधानता और शक्ति का शिरोमणि है" (कुलुस्सियों 2:10)।
2. "देखो, मैं तुम्हें साँपों और बिच्छुओं पर चलने की शक्ति (अधिकार) देता हूँ, और दुश्मन की सारी शक्ति पर भी, और कुछ भी तुम्हें किसी भी तरह से नुकसान नहीं पहुँचाएगा।" (लूका 10:19)
3. "देखो, वे ज़रूर इकट्ठा होंगे, लेकिन मेरी तरफ़ से नहीं। जो कोई तुम्हारे ख़िलाफ़ इकट्ठा होगा, वह तुम्हारी वजह से गिरेगा। तुम्हारे ख़िलाफ़ बनाया गया कोई भी हथियार कामयाब नहीं होगा: और हर ज़बान जो तुम्हारे ख़िलाफ़ फ़ैसले के लिए उठेगी, तुम उसे दोषी ठहराओगे। यह प्रभु के सेवकों की विरासत है, और उनका नेकी मुझसे है।"
   [टिप्पणी: ***ये तीन आयतें एक विश्वासी के रोज़ाना के युद्ध का सिद्धांत बनाती हैं— पहचान, अधिकार और सुरक्षा।]***

मैं इस किताब में आपको दिखाना चाहता हूं कि ये बुरी ताकतें ज़्यादातर चर्च, बाज़ार, कब्रिस्तान, जंगल, होटल, समुद्र और हवा में काम करती हैं।

चर्चों में

आज हम गवाह हैं कि चर्च में कई लोग भूत-प्रेत से ग्रसित हैं। कुछ लोग दूसरी भाषा में बोलते हैं और भविष्यवाणी भी करते हैं। सिर्फ़ वही लोग जिनमें परमेश्वर की आत्मा है, वे ही इन लोगों को पहचान सकते हैं। लेकिन हम यहाँ चर्च में शैतान के एजेंट के बारे में बात कर रहे हैं। फिर से, हम उन सीक्रेट कल्ट के सदस्यों के बारे में बात नहीं कर रहे हैं जो चर्च में हैं (कुछ तो लीडर भी हैं), हम जानते हैं कि वे वहाँ हैं। मैं उन लोगों के बारे में बात कर रहा हूँ जो शैतान के एजेंट के तौर पर आते हैं:

1. चर्चों में झगड़े और उलझन पैदा करना।
2. चर्चों को तितर-बितर करना।
3. प्रवचन के दौरान पुरुषों और महिलाओं को सुलाना।
4. जब सर्विस चालू हो, तो अलग-अलग तरह से ध्यान भटकाना।
5. शैतान के लिए आत्माएं जीतना।
   *[टिप्पणी: **समझदारी और पवित्रता शोर या शक से ज़्यादा एक मंडली की रक्षा करती है। 1 यूहन्ना** 4:1–4.]*

क्योंकि मैंने ऊपर बताई गई कुछ बातें चैप्टर तीन में पहले ही कह दी थीं, इसलिए मैं आपको सिर्फ़ हाल ही में जो हुआ, उसकी गवाही दूँगा। ईसाइयों को प्रभु यीशु मसीह की हर बात माननी चाहिए, क्योंकि जब वे बात नहीं मानते या समझौता करते हैं, तो शैतान या उसके एजेंट की ज़रा सी भी कोशिश पर उनके गिरने का खतरा रहता है। ईसाइयों को अंधेरे से निकालकर भगवान की अपनी शानदार रोशनी में बुलाया गया है। ईसाइयों को दुनिया और उसकी चीज़ों से पूरी तरह अलग होने के लिए बुलाया गया है। धर्मग्रंथ कहता है, "उनके बीच से निकलो और अलग हो जाओ," (2 कुरिं. 6:17)।

(सिस्टर जे की गवाही)

एक बहन थी, सिस्टर जे (नाम नहीं बताया गया)। उसका दोबारा जन्म हुआ था और वह एक 'लिविंग' चर्च की फुल मेंबर थी। बाद में उसने अपनी मेंबरशिप मेरे अपने डिनॉमिनेशन में ट्रांसफर कर दी। वह चर्च की सभी एक्टिविटीज़ में हिस्सा लेती थी और उनमें बहुत एक्टिव रहती थी। लेकिन एक समय पर उसके कैरेक्टर पर शक होने लगा। इसलिए हममें से कुछ लोगों ने उसके घर जाकर यह पता लगाने का फैसला किया कि असल में उसके साथ क्या गलत है। उसका इंटरव्यू लेते समय, उसके अंदर की आत्माएँ भड़क गईं और दिखने लगीं, और फिर उसने हमें बताया कि वह चर्च में उनकी एजेंट है। इन शैतानों को उसके अंदर से निकाल दिया गया और उसे मुक्ति दिलाई गई। हमने पूछा, "सिस्टर, आप शैतान की एजेंट कैसे हैं, फिर भी चर्च की फुल मेंबर हैं?"
उसने हमें यह बताया:

यह सब एक दिन शुरू हुआ, संडे सर्विस के बाद, एक 'सिस्टर' (उसे लगता था कि वह क्राइस्ट में विश्वास करने वाली महिला है) उसके पास आई और उसके करीब रहने की इच्छा जताई क्योंकि इस 'सिस्टर' के अनुसार, वह सिस्टर J की क्रिश्चियन लाइफ की तारीफ करती है। उसने बिना किसी हिचकिचाहट के उसकी दोस्ती मान ली। दोनों सिस्टर J के घर गईं और तथाकथित 'सिस्टर' केले और मूंगफली लाई, जो उन दोनों ने खाए। वह कुछ समय के लिए सिस्टर J के साथ रही और बाद में चली गई।

उसका आना-जाना रेगुलर हो गया, और हर बार वह सिस्टर J के लिए गिफ्ट लाती थी। गिफ्ट में ड्रेस, जूते, पैसे वगैरह होते थे। कुछ मौकों पर सिस्टर J की दोस्त कई दूसरी लड़कियों के साथ आती थी। यह कुछ समय तक चलता रहा और जब 'सिस्टर' ने देखा कि वह सिस्टर J में क्राइस्ट की रोशनी बुझाने में कामयाब हो गई है, तो वह बदल गई और स्पिरिट में सिस्टर J से मिलने लगी। फिर सिस्टर J को एक लाल कपड़ा, एक वॉटर स्टोन, उसके दाहिने पैर के अंगूठे के लिए एक अंगूठी और उसके टखने के लिए एक चेन दी गई। क्योंकि उसने उनके साथ बहुत खाया था और उनसे बहुत कुछ लिया था, इसलिए पीछे मुड़ने का कोई चांस नहीं था। उसने उनके साथ एक वादा किया और उनकी मीटिंग में जाने लगी। वह साँप, चमगादड़ वगैरह में बदल सकती थी। फिर वह चर्च में उनके लिए आत्माएँ जीतने के लिए उनकी एजेंट बन गई।

भगवान का शुक्र है कि अब वह बच गई है! उसे दिए गए सभी तोहफ़े खत्म हो गए और अब वह फिर से प्रभु में खुश है।

[कमेंट: ***यह गवाही 1 कुरिंथियों 15:33 पर ज़ोर देती है – " बुरी***

बातचीत अच्छे तौर-तरीकों को बिगाड़ देती है।" लापरवाह संगति से आध्यात्मिक बदलाव हो सकता है।]

प्रिय पाठक, यह सब एक अनोखी दोस्ती से शुरू हुआ, और क्योंकि सिस्टर जे में समझदारी की कमी थी और वह सावधान नहीं थी जैसा कि प्रभु ने आज्ञा दी थी "जागते रहो और प्रार्थना करो कि तुम लालच में न पड़ो," (मरकुस 14:38) वह भटक गई और दुश्मन के हाथों में पड़ गई और लापरवाही के कारण उसकी जाति नरक में जा सकती थी।

आप नीचे दी गई चीज़ों से शैतान के एजेंट को आसानी से पहचान सकते हैं:

- वे अपने पैर के अंगूठे में अंगूठी, टखने में चेन, नाक में नथ, अजीब चूड़ियां वगैरह पहनते हैं।
- वे किसी चर्च या फेलोशिप में शामिल हो सकते हैं और ग्रुप या चर्च की एक्टिविटीज़ में बहुत जोश दिखा सकते हैं, बस एक अकेले क्रिश्चियन के लिए जिसे वे चाहते हैं। कुछ लोग अजीब तरह से बर्ताव करते हैं, दूसरे बुरे होते हैं, वगैरह। इसीलिए भगवान के बच्चे को भगवान से समझदारी की आत्मा मांगनी चाहिए, ताकि वह उन्हें एक नज़र में पहचान सके। जैसे ही उन्हें पता चलता है कि आपने उन्हें पहचान लिया है, वे पक्का करते हैं कि वे आपके पास न आएं। इसका कारण यह है कि उनका मालिक उन्हें आपके बारे में चेतावनी देगा!

बाज़ारों में

वे बाज़ार में अलग-अलग तरह से काम करते हैं। बाज़ार उनके काम करने की मुख्य जगहों में से एक है, ठीक वैसे ही जैसे होटल वह जगह है जहाँ वे आदमियों का इंतज़ार करते हैं। बाज़ार में, वे अपने शिकार चुनते हैं, कुछ प्रेग्नेंट औरतें जिनका मिसकैरेज वे करवाते हैं ताकि उन्हें अपने ब्लड बैंक के लिए खून मिल सके। कुछ शिकारों को वे रात में उनसे मिलने के लिए अपने घर ले जाते थे।

*[टिप्पणी: **विश्वासी का बचाव यीशु का खून है, पैरानोइया नहीं—पवित्रता और हिम्मत से चलो (भजन 91) /]***

ऐसा नास्तिकों के साथ होता है! बाज़ार में बिकने वाले कुछ मनमोहक प्रोडक्ट जैसे नेकलेस, लिपस्टिक, परफ्यूम, और खाने की चीज़ें जैसे सार्डिन "क्वीन ऑफ़ द कोस्ट" वगैरह, अजीब तरह से शुरू होते हैं।

कुछ काम ऐसे हैं जिनसे ईसाइयों को सावधान रहना पड़ता है, क्योंकि आप देख सकते हैं कि कोई महिला या शायद कोई आदमी अचानक आपके पेट या शरीर के किसी हिस्से को छू लेता है। इससे बीमारी होती है। इसलिए, जब ईसाई को ऐसा महसूस हो, तो उसे यीशु के नाम पर हुक्म देना चाहिए, शैतान की योजनाओं को बिखेरना या खत्म करना, वगैरह। और पक्का है कि तुम धरती पर जो कुछ भी बिखेरोगे या बांधोगे, वह वैसा ही होगा। (मैट 16:19,

मैट 18:18)

*[कमेंट: **मुख्य जवाब डरना नहीं बल्कि ऐलान करना है: अपने मुंह का इस्तेमाल करके भगवान की सीमाओं को लागू करें।]***

सांस्कृति गतिविधियां

यह भी ध्यान रखना बहुत ज़रूरी है कि बहुत से लोग इन ज़्यादातर कल्चरल सेरेमनी और डांस के ज़रिए शैतान के कामों में शामिल हो जाते हैं या उन पर कब्ज़ा हो जाता है। हमारे ज़्यादातर कल्चर शैतान पर आधारित हैं। कुछ दोस्तों के ज़रिए, तो कुछ कुछ पैम्फलेट या नॉवेल पढ़कर। शैतान हर मूर्ति के आस-पास मंडराते रहते हैं। वे मूर्ति पूजा के काम में मूर्तियों के ज़रिए काम करते हैं (ज़ेक 10:2)। धर्म के एक पक्के हिस्से के तौर पर, मूर्ति पूजा कुदरती चीज़ों को भगवान की शक्ति देती है और बनाई गई चीज़ को भगवान का सम्मान देती है (रोमियों 1:18–22)। धर्मग्रंथ मूर्ति पूजा को रूहानी व्यभिचार बताता है (जेर 3:8–10)। इसलिए भगवान के बच्चे का मूर्ति पूजा से सीधे या किसी और तरह से कोई लेना-देना नहीं होना चाहिए।

तथाकथित हाई लाइफ़, जूजू और डिस्को म्यूज़िक शैतान और उसके शैतानों से प्रेरित हैं।

*[कमेंट: **कल्चर को क्राइस्ट के राज से फ़िल्टर किया जाना चाहिए, पूरी तरह से खारिज नहीं किया जाना चाहिए— लेकिन सभी मूर्ति पूजा को छोड़ देना चाहिए।]***

मुझे याद है, कि प्रभु के मुझे बचाने से पहले, शैतान के साथ हमारी एक मीटिंग में उसने कहा था: "यह दुनिया मेरी है और मैं अपनी ताकत से पूरी दुनिया पर राज करने वाला हूँ, और उन सभी को खत्म कर दूँगा जो नेक इंसान के नाम पर विश्वास करते हैं।"
शैतान जीसस का नाम नहीं लेता। अगर कोई उसके सामने ऐसा करता है तो उसकी जान जाने का खतरा रहता है। उसने हममें से कुछ को अपना एजेंट, गवर्नर वगैरह बनाने का वादा किया था। शैतान झूठा है और सच में झूठ का पिता है।
नाइजीरिया में ईसाइयों को चुप कराने के लिए बाइबिल और ईसाई साहित्य के इंपोर्ट पर रोक लगाने की भी योजना थी। वह लीडरशिप और अधिकार वाले पदों पर बैठे नास्तिकों के ज़रिए काम करता है, ताकि ईसाई-विरोधी नीतियां और प्रोग्राम शुरू कर सके। वह ऐसे हीलिंग सेंटर बनाता है जो बहुत धार्मिक लगते हैं और उनके ज़रिए आत्माओं पर दावा करता है। ये सेंटर, जिन्हें आमतौर पर स्पिरिचुअल हीलिंग होम कहा जाता है, हमारे चारों ओर हैं। यहाँ अपने क्लाइंट्स को धोखा देने के लिए कई झूठे चमत्कार किए जाते हैं।
*[टिप्पणी: **झूठे संकेत और नकली आध्यात्मिकता शैतान की नकल हैं—हर आत्मा को परखो** (1 **यूहन्ना** 4:1) /]*

शैतान को जीसस क्राइस्ट के दूसरे आगमन के बारे में अच्छी तरह पता है और वह लगातार अपने एजेंट्स से कहता है कि वे जल्दी करें और अपने काम में जोश दिखाएं, हमेशा कहता है: "हमारे पास अब समय नहीं बचा है।" भगवान के प्यारे बच्चे, शैतान सो नहीं रहा है, तो तुम्हें क्यों सोना चाहिए?

*[कमेंट: **रोमियों 13:11 —" अब नींद से जागने का सही समय है।" यह जल्दबाज़ी असली है, लेकिन भगवान की जीत भी वैसी ही है।**]*

चिंतन: आध्यात्मिक युद्ध में मज़बूती से खड़े रहना

पहचानें: बुराई तो सच है, लेकिन मसीह उससे बड़ा है (1 यूहन्ना 4:4)।

विरोध करें: परमेश्वर के प्रति समर्पित रहें; शैतान का विरोध करें और वह भाग जाएगा (याकूब 4:7)।

नया करें: अपने मुँह को पवित्र शास्त्र से भरें और डर से नहीं, बल्कि पूजा करें।

बताएं: आत्मा के साथ और परमेश्वर के अधिकार के तहत बने रहें।

दिखाएँ: समझदारी का इस्तेमाल करें; अंधेरे को रोशनी से दिखाएँ, इल्ज़ाम से नहीं।

आराम करें: मसीह में अपनी जगह से जिएँ—सभी ताकतों से बहुत ऊपर।

कवच और विवेक की प्रार्थना

प्रभु यीशु मसीह, आपने राज और ताकतों पर जीत हासिल की है। मुझे रोज़ अपने कवच पहनाओ—सच्चाई का बेल्ट, नेकी का कवच, विश्वास की ढाल, मुक्ति का हेलमेट, और आत्मा की तलवार। मुझे मज़बूती से खड़ा रहना, हर नकली चीज़ को पहचानना, और प्यार और विनम्रता से अपने अधिकार का इस्तेमाल करना सिखाओ। मुझे प्रार्थना करने, जागते रहने और अंधेरे के बीच रोशनी की तरह चमकने के लिए जगाओ। आपके नाम से, धोखे की हर ज़बान बंद हो जाती है, हर जाल खुल जाता है, और अंधेरे की हर ताकत टूट जाती है। मैं मसीह के साथ परमेश्वर में छिपा हूँ—अडिग और विजयी। आमीन।

(इफिसियों 6:10–18; कुलुस्सियों 2:15; भजन 91)

अध्याय 8: विश्वासी के हथियार

(यीशु का नाम · यीशु का खून · परमेश्वर का वचन · ईसाई स्तुति)

«आखिर में, हे भाईयों, प्रभु में और उसकी शक्ति में मज़बूत बनो। परमेश्वर के सारे हथियार पहन लो ताकि तुम शैतान की चालों का सामना कर सको।» — *इफिसियों 6:10–11*

«और वे मेमने के लहू के कारण और अपनी गवाही के वचन के कारण उस पर जयवन्त हुए...» — *प्रकाशितवाक्य 12:11*

मैंने इस बारे में पहले भी बहुत कुछ कहा है, लेकिन बस कुछ उदाहरण देने के लिए। कृपया समझें कि यीशु के नाम में शक्ति है! यीशु के खून में शक्ति है!

धर्मग्रंथ कहता है:

“और इंसान के रूप में पाया गया, उसने खुद को दीन किया, और मौत तक, यहाँ तक कि क्रूस की मौत तक आज्ञाकारी बना रहा। इसलिए परमेश्वर ने भी उसे बहुत ऊँचा किया, और उसे वह नाम दिया जो हर नाम से ऊपर है: ताकि यीशु के नाम पर हर घुटना झुके, स्वर्ग की चीज़ें, और धरती की चीज़ें और धरती के नीचे की चीज़ें: और हर ज़बान यह मान ले कि यीशु मसीह ही प्रभु है, ताकि परमेश्वर पिता की महिमा हो।” (फिलिप्पियों 2:8–11)

फिर से धर्मग्रंथ कहता है:

“और वे मेमने के लहू के द्वारा, और अपनी गवाही के वचन के द्वारा उस पर जयवन्त हुए।” (प्रकाशितवाक्य 12:11)

“यीशु” का नाम हमेशा आपके होठों पर रहे! ये दोनों, नाम और खून, शैतान की योजनाओं को बिखेर देते हैं, और असल में शैतान और उसके एजेंटों की रणनीतियों को खत्म कर देते हैं।
[*कमेंट:* ***यीशु का नाम कोई फ़ॉर्मूला नहीं है— यह दिया गया अधिकार है। खून अंधविश्वास नहीं है— यह वाचा का आवरण है। साथ मिलकर, वे छुटकारा दिलाते हैं।***]

प्रशंसा में शक्ति

दूसरी बात, आपको हमेशा भगवान की तारीफ़ करना सीखना चाहिए। तारीफ़ में शक्ति होती है।

एक पादरी थे — पादरी IK (नाम गुप्त रखा गया)। वे एबुटे मेट्टा में एक चर्च में पादरी थे। वे मेरे निशाने पर आ गए और उनके अपराध ये थे:

1. उन्होंने सुबह-सुबह कॉल करके यानी सुबह-सुबह प्रचार करके हमारी शांति भंग कर दी।
2. वह अपना मेगाफोन लेकर घूमते थे और एबुटे मेट्टा में अकिंतोला रोड के पास नंबर 2 बस स्टॉप पर खड़े हो जाते

थे। वहाँ वह उपदेश देते थे। वह यहीं नहीं रुकते थे, बल्कि राक्षसों को बांधते रहते थे, वगैरह।

3. अपने चर्च में वह उपदेश देते थे, अंधेरे के कामों को उजागर करते थे, जिसके बाद उन्होंने राक्षसों को बांधना शुरू कर दिया।
4. उसने बहुत प्रार्थना की।
5. वह हमेशा गाता रहता था और भगवान की तारीफ़ करता था।

   *[कमेंट: **तारीफ़ कोई फ़िलर नहीं है— यह जंग है। भजन 149 कहता है कि तारीफ़ राजाओं को ज़ंजीरों से बांध देती है।]***

मैंने अपने मैसेंजर उसके पास भेजे लेकिन वे उसे मार नहीं पाए, इसलिए मैंने खुद ही मिशन पूरा करने का फैसला किया। उस दिन, मैंने उसे नए GRA पर चलते हुए देखा।

इस पादरी के बारे में यहाँ एक बात बताने लायक है: जब भी हम उन्हें पकड़ने जाते थे, तो उनके दाहिने और बाएँ हाथों के पास बादल के खंभे दिखते थे, जो उनके साथ चलते थे, इसलिए ये हमें रोकते थे। लेकिन उस दिन मैंने कुछ नहीं देखा, इसलिए मुझे पूरा यकीन था कि मेरा मिशन बहुत सफल होगा।

मैंने बारिश करने का हुक्म दिया ताकि मैं उस पर बिजली गिरा सकूँ। बारिश शुरू हुई और गरजने लगी। इलाके के सभी पेड़ों की

डालियाँ गिरने लगीं, लेकिन यह पादरी खुशी से गा रहा था। मुझे आज भी वह कोरस याद है:

"यीशु के नाम पर हर घुटना झुकेगा।"

जैसे ही वह यह कोरस गाता रहा, बारिश रुक गई, गरजना बंद हो गया। तुरंत दो फ़रिश्ते दिखाई दिए, एक-एक दोनों तरफ, जिनके हाथ में जलती हुई तलवारें थीं। उनकी आँखें और तलवारें आग की लपटों जैसी थीं। फिर एक तेज़ हवा मुझे उड़ा ले गई और मैंने खुद को दूसरे शहर में पाया! सच कहूँ तो मैं हैरान था, लेकिन क्योंकि हम इतने पक्के हो चुके थे, मैंने कहा: "यह आदमी फिर से भाग गया है!"

पादरी को नहीं पता था कि उसकी तरफ से कौन सी आध्यात्मिक लड़ाई लड़ी जा रही है। तो, आप देख सकते हैं, परमेश्वर का बच्चा पूरी तरह सुरक्षित है। जब बाइबल कहती है: *"कोई भी चीज़ तुम्हें किसी भी तरह से नुकसान नहीं पहुँचाएगी,"* तो इसका मतलब वही है जो वह कहती है!
*[टिप्पणी: **तारीफ़ ईश्वरीय मौजूदगी को बुलाती है—भजन** 22:3. **जहाँ परमेश्वर रहता है, वहाँ अंधेरा भाग जाता है।**]*

रक्त की शक्ति

दूसरी गवाही एक ईसाई के बारे में है जो मेरे साथ उसी टैक्सी में चढ़ा था। वह बहुत जोशीला था और टैक्सी के अंदर गॉस्पेल ट्रैक्ट बांटने लगा। जब उसने मुझे ट्रैक्ट दिया तो मैंने मना कर दिया। वह उपदेश देने लगा। तो मैं परेशान हो गया और अपनी उंगली की अंगूठी से उसे मार दिया। यह उसे मारने के लिए था।

यह लड़का चिल्लाया: "यीशु का खून!" तुरंत बिजली, आग और एक फरिश्ता दिखाई दिया। एक तेज़ हवा ने मुझे फिर से ज़ोर से टैक्सी से बाहर निकालकर घने जंगल में फेंक दिया। अगर मैं बुरी ताकतों का साथ देने वाला आदमी नहीं होता, तो मैं जंगल में खो सकता था। उस ईसाई को नहीं पता था कि उसकी तरफ से क्या लड़ाई हो रही है। उसे, दूसरे यात्रियों को भी, बस इतना पता था कि मैं टैक्सी से गायब हो गया था!
*[कमेंट: **खून अभी भी बोलता है (इब्रानियों 12:24) । हर विश्वासी का तुरंत जवाब — " यीशु का खून!" — स्वर्ग की सुरक्षा को एक्टिवेट करता है।**]*

विश्वासी के मुंह में यीशु का नाम या यीशु का खून आग वगैरह भेजता है। धर्मग्रंथ कहता है:

"यहोवा का नाम एक मज़बूत किला है: नेक जन उसमें भागकर सुरक्षित रहता है।" (नीतिवचन 18:10)

प्रिय पाठक, अगर आप परमेश्वर के बच्चे हैं, तो याद रखें कि परमेश्वर ने अपने वचन को अपने नाम से भी ऊपर रखा है (भजन 138:2)। इसलिए वचन (परमेश्वर का वचन) को यह विश्वास करते हुए स्वीकार करें कि जो आपने कहा है वह पूरा होगा, और ऐसा ही होगा। यही परमेश्वर का वादा है!
*[टिप्पणी: **वचन खून को आवाज़ देता है और नाम को शक्ति देता है। तीनों— वचन, खून, नाम— विश्वासी की जीत की तिकड़ी बनाते हैं।]***

फिर से बताना चाहूँगा कि आप सिर्फ़ वही बात मान सकते हैं जो आप जानते हैं। धर्मग्रंथ हमें परमेश्वर के वचन में आनंद लेने और दिन-रात उस पर मनन करने के लिए कहता है। (भजन 1:2) सत्य के वचन को सही ढंग से बाँटने के लिए, आपको उसे जानना होगा।

"मसीह का वचन तुम्हारे अंदर पूरी समझदारी के साथ भरपूरी से बसे।" (कुलुस्सियों 3:16)
"धन्य है वह इंसान जो बुरे लोगों की सलाह पर नहीं चलता, न पापियों के रास्ते पर खड़ा होता है , न ही नफ़रत करने वालों की सीट पर बैठता है । बल्कि उसका मन प्रभु के कानून में लगा रहता है; और वह दिन-रात उसके कानून पर ध्यान करता है । और वह उस पेड़ की तरह होगा जो पानी की नदियों के किनारे लगाया गया है, जो अपने मौसम में फल देता है; उसके पत्ते भी नहीं मुरझाएंगे; और वह जो कुछ भी करेगा वह सफल होगा।" (भजन 1:1–3)

अपनी बाइबिल के पास जाओ; बिना रुके प्रार्थना करो; एक गीत गाते हुए खड़े हो जाओ, प्रभु यीशु मसीह द्वारा तुम्हें दिए गए अधिकार का इस्तेमाल करो!

*[टिप्पणी: **ज्ञान अधिकार को बढ़ाता है। एक गीत गाता हुआ दिल जीत को बनाए रखता है। यह कोई रस्म नहीं है— यह रिश्ता है।**]*

चिंतन: मुक्ति प्राप्त लोगों का चौगुना हथियार

1. **नाम:** इसे बताएं—यीशु हर हालात के ऊपर प्रभु हैं (फिलिप्पियों 2:9–11)।

2. **खून:** इसे लगाएं—आरोप और नुकसान के खिलाफ आपकी वाचा की ढाल (प्रकाशितवाक्य 12:11)।

3. **वचन:** इसे बोलें—आपकी आत्मा की तलवार और सच्चाई का मानक (इफिसियों 6:17)।

4. **तारीफ़ करें:** इसे जिएं—आपकी जीत का झंडा जो परमेश्वर की मौजूदगी को खींचता है (भजन संहिता 149:6–9)।

रोज़ाना अभ्यास करें:

- हर सुबह वचन को कबूल करके शुरू करें।
- अपने घराने के खून की भीख मांगो।
- विनती करने से पहले तारीफ़ करें।
- नाम का इस्तेमाल अधिकार से करें, डर से नहीं।

अधिकार और स्तुति की प्रार्थना

प्रभु यीशु, आपका नाम हर नाम से ऊपर है।
आपका खून हाबिल के खून से बेहतर बातें कहता है। आपका वचन मेरे मुँह में जीवन, रोशनी और आग है। आज मैं आपकी जीत का चोला पहनता हूँ। अंधेरे की हर साज़िश बिखर जाए; इल्ज़ाम लगाने वाली हर ज़बान चुप हो जाए। मुझे आत्मा की तलवार चलाना और तारीफ़ के गानों में जीना सिखाएँ। मैं आपके खून, आपके वचन और आपके नाम से जीतता हूँ। काम पर रखे गए फ़रिश्तों और समझ से परे शांति के लिए धन्यवाद। मैं आप में छिपा हूँ, हमेशा के लिए विजयी। आमीन।
(फिलिप्पियों 2:9–11; प्रकाशितवाक्य 12:11; इफिसियों 6:10–18; भजन संहिता 149)

अध्याय 9: अब आगे क्या?

« आत्मा और दुल्हन कहती हैं, "आ!" और जो सुनता है वह भी कहे, "आ!" जो प्यासा हो, वह आए; और जो कोई चाहे, वह जीवन के जल का मुफ़्त तोहफ़ा ले। » — **प्रकाशितवाक्य 22:17**

इस गवाही को पढ़ने के बाद, आपको अपना जीवन यीशु मसीह को देने के लिए किसी और उपदेश की ज़रूरत नहीं है। धर्मग्रंथ कहता है: "चोर (शैतान) सिर्फ़ चोरी करने, मारने और नष्ट करने आता है। मैं (यीशु मसीह) इसलिए आया हूँ कि तुम जीवन पाओ, और वह भी भरपूर" (यूहन्ना 10:10)।

[**संपादक का नोट:** ***यह अंतर जानबूझकर किया गया है: शैतान चुराता/नष्ट करता है; यीशु जीवन देता है— अभी*** **और हमेशा के लिए** ***।]***

शैतान आपसे नफ़रत करता है और उसने आपको अपने साथ नरक में ले जाने के कई तरीके सोचे हैं। आप इस गवाही से यह साबित कर सकते हैं। अगर शैतान आपसे कोई वादा करता है या आपको कोई तोहफ़ा भी देता है, तो जान लें कि यह गलत इरादे से है। शैतान झूठा है और झूठ का पिता है। (यूहन्ना 8:44) भगवान ने उसे आपका दुश्मन कहा है, तो आप भगवान और उनके वचन पर विश्वास क्यों नहीं करते?

[**संपादक का नोट:** ***अंधेरे से मिलने वाला हर "गिफ़्ट" एक जाल है जिसमें छिपी हुई ज़ंजीरें हैं। आज़ादी सिर्फ़ मसीह में मिलती है।]***

यह कोई इत्तेफ़ाक नहीं है कि आपको यह गवाही मिली। खुद को जाँचें और पक्का करें कि आप मसीह में हैं। आप खुद को धोखा देने में तभी

कामयाब होंगे जब आप 'चर्च जाने वाले' बने रहेंगे और सबसे बुरी बात, अगर आप अभी भी अपनी ज़िंदगी के इस सबसे ज़रूरी फ़ैसले के प्रति बेपरवाह रवैया अपनाते हैं।

[**संपादक का नोट:** ***यह सिर्फ़ हाज़िरी से ज़्यादा है; यह वफ़ादारी है। यीशु फ़ैन्स को नहीं बुलाते—वह शिष्यों को बुलाते हैं।]***

हम मसीह की तरफ़ से आपसे गुज़ारिश करते हैं: परमेश्वर से मेल-मिलाप कर लें। अगर आप अभी तक बचाए नहीं गए हैं, तो इसका मतलब है कि अगर परमेश्वर के वचन के अनुसार आपने अभी तक प्रभु यीशु मसीह को अपने प्रभु और निजी उद्धारकर्ता के रूप में स्वीकार नहीं किया है, तो डुबकी लगाकर पानी में बपतिस्मा लेने के बाद, हम आपको बिना देर किए ऐसा करने के लिए बढ़ावा देते हैं।

कल शायद बहुत देर हो जाए।
(इब्रानियों 3:15)

चिंतन: आह्वान का उत्तर दें—अभी

- **कृपा मौजूद है:** अगर आपको पक्का यकीन महसूस होता है, *तो इसका मतलब है कि* पवित्र आत्मा आपको बुला रहा है (यूहन्ना 16:8,13)।
- **न्यूट्रल रहना सुरक्षित नहीं है:** देरी एक फैसला है; टालने से पुरानी जंजीरें और मजबूत होती हैं।

- **मसीह ही काफ़ी है:** उसका लहू पापों को मिटा देता है, अंधकार के साथ किए गए करारों को तोड़ता है, और आपको नया जीवन पहनाता है (कुलुस्सियों 1:13–14)।

मुक्ति की प्रार्थना (अगर आप अभी यीशु की ओर मुड़ रहे हैं)

प्रभु यीशु मसीह, मैं आज आपके पास आता हूँ।
मेरा मानना है कि आप मेरे पापों के लिए मरे और मरे हुओं में से जी उठे।
मैं आपको अपना प्रभु और अपना बचाने वाला मानता हूँ। मुझे माफ़ करें, अपने खून से मुझे साफ़ करें, और मुझे एक नया दिल दें। मैं शैतान और अंधेरे के साथ हर वादे को छोड़ देता हूँ। मुझे आपकी पवित्र आत्मा और एक नया जीवन जीने की आपकी शक्ति मिलती है। मुझे बचाने के लिए धन्यवाद। आमीन।
(यूहन्ना 1:12; रोमियों 10:9–10; कुलुस्सियों 1:13–14)

त्याग और आज़ादी की प्रार्थना (अगर आपका कोई रहस्यमयी रिश्ता रहा है)

यीशु मसीह के नाम पर:
मैं जादू-टोना, जादू-टोना, भूत-विद्या, समुद्री ताकतों, सीक्रेट सोसाइटी और शैतानी पूजा-पाठ से जुड़े हर समझौते, कसम, दीक्षा, रस्म और

चीज़ को छोड़ता हूँ। मैं इन कामों से बने हर रूह के रिश्ते को तोड़ता हूँ। मैं यीशु के खून से अंधेरे के हर कानूनी आधार को खत्म करता हूं। मैं सभी गंदी आत्माओं को हुक्म देता हूँ कि वे मुझे अभी छोड़ दें और कभी वापस न आएं। मैं अपना शरीर, जान और आत्मा सिर्फ़ प्रभु यीशु मसीह को समर्पित करता हूँ। आमीन।
(Rev. 12:11; Col. 2:14–15; Luke 10:19)

आपके अगले पाँच कदम

1. **पानी में बपतिस्मा लें (डुबकी लगाकर)** — आज्ञाकारिता और मसीह के साथ सार्वजनिक पहचान के एक कार्य के रूप में (प्रेरितों के काम 2:38; रोमियों 6:3–4)।
2. **वर्ड-स्पिरिट चर्च में शामिल हों** — यह एक क्राइस्ट-सेंटर्ड, बाइबल-प्रचार करने वाला समुदाय है जो प्रार्थना करता है और चेला बनाता है।
3. **गुप्त चीज़ें नष्ट कर दें** — किताबें, ताबीज़, वेदियां, अंगूठियां, कपड़े; हटा दें और जला दें (प्रेरितों 19:19)।
4. **रोज़ाना एक आसान रिदम शुरू करें** — धर्मग्रंथ (ज़ोर से पढ़ें), प्रार्थना, पूजा; भगवान आपको जो दिखाते हैं, उसे जर्नल में लिखें।
5. **किसी को बताएं** — अपनी गवाही समझदारी से शेयर करें; इससे आपकी आज़ादी मज़बूत होती है और दूसरों को मदद मिलती है (Rev. 12:11).

फील्ड गाइड: मुक्ति के बाद आगे बढ़ना

- **अपनेपन का एहसास करें:** वर्ड-स्पिरिट चर्च में शामिल हों; मेंटरशिप लें।
- **बनाएं:** रोज़ाना पवित्र शास्त्र + प्रार्थना (ज़ोर से बोलें); समय-समय पर उपवास रखें।
- **तोड़ो:** पुराने वादे छोड़ दो; जादू-टोने की चीज़ों को नष्ट कर दो (प्रेरितों 19:19)।
- **सीमाएं:** कोई सीक्रेट सौदे नहीं; रहस्यमयी "दोस्तों" से कोई संपर्क नहीं।
- **युद्ध:** पापस्वीकार, प्रभु भोज और आज्ञाकारी प्रार्थना का प्रयोग करें (इफिसियों 6:10–18)।
- **गवाही दें:** अपनी गवाही समझदारी से दें; इससे इल्ज़ाम बेअसर हो जाते हैं (Rev. 12:11).

सुरक्षा और दृढ़ता की प्रार्थना

प्रभु यीशु, आप मेरे चरवाहे हैं। मैं आपकी आवाज़ सुनता हूँ और आपके पीछे चलता हूँ।
मैं अंधेरे की हर धमकी, सौदेबाज़ी और डर को छोड़ देता हूँ। मुझे अपनी आग से घेर लें, मेरे रास्ते पर फ़रिश्ते भेज दें, और मुझे अपने वचन और समाज में बनाए रखें। मेरे खिलाफ़ बनाया गया कोई भी हथियार कामयाब नहीं होगा। मैं आपके हाथ में रहता हूँ—अभी और हमेशा। आमीन।
(यूहन्ना 10:27–28; यशायाह 54:17; भजन 91)

40-दिन का ऑन-रैंप (ऑप्शनल, उन रीडर्स के लिए जो गाइडेड जर्नी चाहते हैं)

रोज़ाना के छोटे फ़ॉर्मैट (हर दिन आधा पेज) के लिए, पहले बताई गई साथी भक्ति देखें: ***अंधेरे से राज तक: अंधेरे की छिपी पकड़ से आज़ाद होने के लिए 40 दिन*** — इसमें जागरूकता, छुटकारा और शक्ति के लिए धर्मग्रंथ, छोटी समझ और खास प्रार्थनाएँ शामिल हैं।

अपनी गवाही शेयर करें / मदद मांगें

हम आपके साथ खड़े होना चाहेंगे। यीशु ने जो किया है उसे शेयर करें या सलाह के लिए यहाँ रिक्वेस्ट करें:
अपनी गवाही शेयर करें या संपर्क करें:
https://www.otakada.org/contact-us-otakada/

रीडर्स के सवाल, ग्लोबल बातचीत और द स्कूल ऑफ़ डिलीवरेंस

"जब सत्य का आत्मा आएगा, तो वह तुम्हें सब सत्य का मार्ग बताएगा।" — यूहन्ना 16:13

पूरी दुनिया में, यह गवाही मानने वालों के बीच सवाल और खुलासे पैदा करती रहती है। ऐसी ही एक बातचीत इटली के एक मानने वाले **भाई फ्रांसेस्को से हुई** । उनके शब्द एक बढ़ते हुए ग्लोबल परिवार की भूख को दिखाते हैं, जो यह जान रहे हैं कि आध्यात्मिक लड़ाई कोई थ्योरी नहीं बल्कि एक सच्चाई है — और पवित्र आत्मा अनजान जगहों पर पहरेदारों को जगा रही है।

फ्रांसेस्को (इटली) के साथ बातचीत

फ्रांसेस्को ने लिखा , *रेव. इमैनुएल एमोस एनी की गवाही पढ़ने से पहले , मुझे शैतान के ऑर्गनाइज़्ड होने के बारे में विज़न और रेवेलेशन मिले थे— कमांड और कंट्रोल स्ट्रक्चर, डेविल्स के अलग-अलग काम, और उन्हें क्या चलाता है। मेरा पहले कभी शैतान से कोई कॉन्टैक्ट नहीं हुआ, न ही मेरे परिवार का। यहाँ इटली में, क्रिश्चियन्स को ऐसे एक्सपीरियंस बहुत कम होते हैं, और हममें से ज़्यादातर लोग कभी स्पिरिचुअल लड़ाई के बारे में*

बात नहीं करते। क्राइस्ट में एक भाई ने मुझे रेव. एनी की किताब पढ़ने का सजेस्ट किया — और यह बहुत मज़ेदार थी! अचानक सब कुछ समझ में आ गया। मुझे एहसास हुआ कि हमारे चारों ओर एक इनविज़िबल दुनिया है। मुझे पता था कि शैतान है, लेकिन मुझे लगता था कि वह बहुत दूर है। अब मैं उसके ऑपरेशन्स को साफ-साफ देख सकता हूँ।

तो प्लीज़, मैं पूछता हूँ:

1. *मेरे जैसे एक आम विश्वासी को शैतान के बारे में ऐसे खुलासे क्यों मिलेंगे, जबकि मैं कभी उससे जुड़ा नहीं था?*
2. *मुझे एक आवाज़ क्यों सुनाई दी - जो साफ़ तौर पर भगवान की नहीं थी - जो मुझे बता रही थी कि कैसे गिरे हुए फ़रिश्तों को स्वर्ग से निकाल दिया गया था?*
3. *उसी आवाज़ ने मुझे चीज़ें करने की शक्ति क्यों दी?*
4. *इन ऑफ़र को मना करने के बाद, मेरा एक्सीडेंट क्यों हुआ और मेरा पैर क्यों टूट गया, जिससे मुझे सर्जरी करानी पड़ी और मेरे परिवार पर दबाव क्यों पड़ा?*

संवाद के माध्यम से शिष्यत्व

जब फ्रांसेस्को ने संपर्क किया, तो *गॉड्स ईगल मिनिस्ट्रीज़* के एम्बेसडर **मंडे ओ. ओगबे ने जवाब दिया — जल्दी जवाब नहीं**

दिया, बल्कि उन्हें धर्मग्रंथ के ज़रिए पवित्र आत्मा से बातचीत करने के लिए बुलाया ।

उन्होंने लिखा, "पवित्र आत्मा हमेशा आपके आस-पास जो हो रहा है, उसके जवाब देगी।"
"उसका मुख्य काम हमें सभी सच्चाई तक ले जाना है। इसलिए इससे पहले कि मैं आपको जवाब दूं, मैं चाहूंगा कि आप इन आयतों – जॉन 16:5–15 – पर ध्यान दें और जो आप सीखते हैं उसे लिख लें। लॉजिक नहीं, बल्कि आत्मा को आपको रास्ता दिखाने दें।"

फ्रांसेस्को सहमत हो गया। कुछ घंटों बाद उसने जवाब दिया:

"यीशु अपने शिष्यों से बात कर रहे हैं, उन्हें बता रहे हैं कि वह जल्द ही चले जाएँगे। वह वादा करते हैं कि पवित्र आत्मा आएगी और उन्हें वह समझाएगी जो वे अभी तक नहीं समझ पाए हैं, भविष्य की घटनाओं के बारे में बताएगी, और उन्हें अलौकिक ज्ञान और शक्ति देगी। शिष्यों को आत्मा के ज़रिए वह मिलेगा जो उन्होंने उनके शारीरिक रूप से चले जाने से खो दिया था।"

संवाद जारी रहा क्योंकि राजदूत ओगबे ने उन्हें **ल्यूक** 4: 1-28 , **उत्पत्ति** 3 , **उत्पत्ति** 6 और **प्रकाशितवाक्य** 12 **का अध्ययन करने के लिए निर्देशित किया** , और उनसे जो कुछ उन्होंने देखा उसे लिखने के लिए कहा।

फ्रांसेस्को ने ईमानदारी से, एक-एक आयत का जवाब दिया – मसीह के लालच, आदम और हव्वा के गिरने, नूह की बात मानने

और बाढ़ का मतलब समझाया। उन्होंने बताया कि कैसे साँप तर्क, भावना और इच्छा को कंट्रोल करता है; कैसे बात मानने से किस्मत बनी रहती है; और कैसे इंसाफ़ भी भगवान की दया दिखाता है।

प्रकाशितवाक्य 12 को पूरी तरह से नहीं समझ पाया। "मैं उसे तुम पर छोड़ता हूँ," उसने लिखा, "क्योंकि मुझे उस अध्याय पर पवित्र आत्मा से कोई रहस्योद्‌घाटन नहीं मिला है।"

सिखाने का पल — प्रकाशितवाक्य 12 और आध्यात्मिक युद्‌ध

राजदूत ओगबे ने गहरी शिक्षा के साथ जवाब दिया, फ्रांसेस्को को *रहस्योद्‌घाटन* 12 के ब्रह्मांडीय नाटक के बारे में बताया :

"यह चैप्टर अनदेखे संघर्ष को दिखाता है — औरत, बच्चा और ड्रैगन। औरत भगवान के करार वाले समुदाय को दिखाती है; बच्चा, जीसस क्राइस्ट; और ड्रैगन, शैतान, पुराना साँप।

स्वर्ग में युद्‌ध (आयत 7–9) दिखाता है कि कैसे शैतान और उसके स्वर्गदूतों को गिरा दिया गया — असल हथियारों से नहीं बल्कि भगवान के अधिकार से। क्रॉस पर मसीह की जीत ने उन्हें निहत्था कर दिया, फिर भी धरती पर उनका गुस्सा बढ़ता गया। ड्रैगन का

गुस्सा अब विश्वासियों को निशाना बनाता है, लेकिन आयत 11 हमें जीत की चाबी देती है:

'वे मेमने के खून के द्वारा, और अपनी गवाही के वचन के द्वारा उस पर जीत गए, और उन्होंने अपने प्राणों को प्रिय न जाना, यहां तक कि मर भी गए।'

यह कोई निशानी नहीं है; यह हर ईसाई के लिए एक सच्चाई है। शैतान धोखे, घमंड, डर, इल्ज़ाम और अकेलेपन के ज़रिए हमला करता है। लेकिन विश्वासी का बचाव यीशु का खून, विश्वास का कबूलनामा और पूरा समर्पण है।

रहस्योद्घाटन, प्रलोभन, हमला और पुनर्स्थापना - यह आध्यात्मिक विकास का आवर्ती पैटर्न है।"

फ्रांसेस्को के सवालों के जवाब

ओगबे ने आगे कहा, "भाई फ्रांसेस्को, तुमने उस आवाज़ को मना करके अच्छा किया जो रहस्य और शक्ति दे रही थी। वह पवित्र आत्मा नहीं थी, बल्कि एक धोखा देने वाली आत्मा थी जो तुम्हें मसीह पर निर्भरता से दूर ले जाना चाहती थी। जैसे शैतान ने हव्वा को और बाद में यीशु को लालच दिया, वैसे ही वह अक्सर विश्वासियों के पास आध्यात्मिक शॉर्टकट का ऑफ़र लेकर आता

है। तुमने विरोध किया – और उस बात को मानने से दुश्मन को गुस्सा आ गया।

उसके बाद जो हादसा और मुश्किलें आईं, वे शायद जवाबी हमले थे, सज़ा नहीं। लेकिन भगवान ऐसी परीक्षाओं को आने देते हैं ताकि समझ और अधिकार मज़बूत हो सके। अब आपको इटली के पहरेदार के तौर पर ट्रेनिंग दी जा रही है, जहाँ बहुत से लोग अब भी मानते हैं कि दुश्मन दूर है या बस दिखावा है।

अपनी नज़रें यीशु पर रखें, अंधेरे पर नहीं। जब बेचैनी हो, तो ज़ोर से कहें:
'मैं यीशु मसीह का हूँ। मेमने का खून मुझे ढकता है। मैं सिर्फ़ वही लेता हूँ जो पवित्र आत्मा से आता है और यीशु के नाम पर हर दूसरी आवाज़ को मना करता हूँ।'

दुश्मन को देखने से ज़्यादा पूजा में समय बिताओ। रहस्योद्‌घाटन तुम्हें डराने के लिए नहीं बल्कि तुम्हें जगाने और तैयार करने के लिए दिया गया है। प्रभु ने तुम्हें अपने देश के लिए बीच-बचाव करने के लिए चुना है।"

अंत में, राजदूत ओगबे ने उन्हें कार्रवाई करने की चुनौती दी:

"अब जब आप अनदेखी दुनिया की असलियत देख रहे हैं, तो जो कुछ भी आपको मिला है उसे शेयर करने के तरीके खोजें – लिखकर, सिखाकर, या गवाही देकर – ताकि दूसरे भी आपकी

तरह आज़ाद हो सकें। अब आप सिर्फ़ सीखने वाले नहीं हैं; आप बचाने वाले बन रहे हैं।"

फ्रांसेस्को का जवाब आसान था:

"धन्यवाद, मेरे भाई। मैं इसे गंभीरता से लूंगा।"

फ्रांसेस्को की प्रतिबद्धता और भेजने की प्रार्थना

बाद में उन्होंने कहा,
"मैं दिल की गहराइयों से आपका बहुत-बहुत शुक्रिया अदा करता हूँ।" "मैं दूसरी भाषाओं में प्रार्थना करने में अपना समय बढ़ाऊँगा; मैं अपनी नोटबुक में पवित्र आत्मा के दिए हर खुलासे को लिखूँगा; और मैं पवित्र आत्मा से कहूँगा कि वह मुझे रोज़ अपने रेमा से खिलाए।"

राजदूत ओगबे ने जवाब दिया:

"और सबसे ज़रूरी बात, सोचिए कि यह समझ आने वाली पीढ़ियों पर कैसे असर डालेगी — ठीक इमैनुएल एनी की कहानी की तरह। भगवान ने आपको यह छिपाने के लिए नहीं, बल्कि शेयर करने के लिए दिखाया है। आपको दुनिया भर में एक बड़े साधक समुदाय के लिए गवाह बनना है।"

फ्रांसेस्को ने जवाब दिया, '*वह मुझे दिखाएगा कि इसे कैसे फैलाना है।*'

राजदूत ओगबे ने जवाब में लिखा:

"आमीन! क्या मैं अब आपके साथ प्रार्थना कर सकता हूँ?"

और उसने ऐसा किया - एक ऐसी प्रार्थना जो इटली से भी आगे, इन शब्दों को पढ़ने वाले हर विश्वासी तक पहुँची।

कमीशनिंग की प्रार्थना

हे भगवान,
हम आपके सेवक फ्रांसेस्को और उन सभी के लिए आपका शुक्रिया अदा करते हैं जो अलग-अलग देशों में आपकी सच्चाई के लिए जाग रहे हैं।
अनदेखी दुनिया की सच्चाई को सामने लाने के लिए आपका शुक्रिया — डराने के लिए नहीं, बल्कि तैयार करने के लिए।
हम यीशु मसीह के खून के नीचे उसे मिले हर खुलासे पर मुहर लगाते हैं।
उसकी आत्मा आपके वचन में टिकी रहे, उसका दिल आपके प्यार से जलता रहे, और उसकी आवाज़ उसकी पीढ़ी के लिए सच्चाई का बिगुल बने।
उसे फिर से पवित्र आत्मा से भर दें।

उसके खिलाफ उठने वाली हर ज़बान चुप हो जाए; उसके मकसद के खिलाफ अंधेरे की हर योजना पलट जाए।
उसे, इमैनुएल एनी की तरह, अपनी बचाने वाली शक्ति का जीता-जागता गवाह बनाएं — उन लोगों के लिए रोशनी का वाहक जो अभी भी अंधेरे में चलते हैं।
इटली, यूरोप और उससे आगे भी उसके जैसे कई लोगों को तैयार करें — ऐसे पुरुष और महिलाएं जो बिना डरे गॉस्पेल की आग को आगे बढ़ाएंगे।
और अब, भगवान, जब हम इस प्रार्थना के लिए "आमीन" कहते हैं, तो हम हर उस पढ़ने वाले को भी समर्पित करते हैं जो अपने विश्वास को हमारे साथ जोड़ता है।
वे खुलासे में चलें, लालच का विरोध करें, हमले पर काबू पाएं, और सुधार में जिएं।
यीशु के महान नाम में - ***आमीन।***

फ्रांसेस्को ने गर्मजोशी से जवाब दिया:

"आमीन!!! भगवान आपको आशीर्वाद दें, भाई राजदूत मंडे ओगबे , उनकी असीम कृपा के अनुसार!"

और जवाब आया:

"आमीन और आमीन। भगवान आपको भी आशीर्वाद दें, भाई फ्रांसेस्को। प्लीज़, कभी भी, सवाल पूछकर या जो भी आत्मा आपके दिल में डाले, उसके लिए हमसे संपर्क करें। मैंने और खुलासे आने के लिए प्रार्थना की है — वे आएंगे। उन्हें जर्नल करना

शुरू करें; हो सकता है कि अभी उनका पूरा मतलब न निकले, लेकिन उनके समय में, जीसस के नाम पर, उनका मतलब होगा।"

हम ये बातचीत क्यों शेयर करते हैं

इस तरह की मुलाकातें दिखाती हैं कि आज के समय में शिष्यत्व कैसा दिखता है — जीवंत, रिश्तों से जुड़ा, आत्मा से चलने वाला और दुनिया भर में फैला हुआ। ऐसी बातचीत के ज़रिए, परमेश्वर विश्वासियों की एक नई नस्ल तैयार कर रहा है जो दुश्मन की साज़िशों को पहचानते हैं, फिर भी धर्मग्रंथ और प्यार में मज़बूती से जुड़े रहते हैं।

यह बातचीत सिर्फ़ इटली के लिए नहीं है; यह हर उस पढ़ने वाले के लिए है जो सोचता है, *"क्या परमेश्वर आज भी आम लोगों से बात कर सकता है?"*

हाँ — और वह आज भी उसी सच्चाई की आत्मा के ज़रिए मदद करता है, सिखाता है और काम सौंपता है।

डोमिनियन की मुक्ति की सच्ची कहानियाँ: आधुनिक प्रमाण और 40-दिन की यात्रा

परिचय – वही शक्ति, अभी भी काम कर रही है

इमैनुएल एनी की कहानी यह साबित करती है कि समय के साथ अंधेरे से बचाने की जीसस क्राइस्ट की ताकत कम नहीं हुई है। लागोस से लंदन तक, नैरोबी से न्यूयॉर्क तक, जो पुरुष और महिलाएं कभी शैतानी वादों के आगे झुकते थे, वे अब पूजा में अपने हाथ उठाते हैं, आखिरकार आज़ाद हो गए हैं। हर पीढ़ी में, भगवान वही आवाज़ें उठाते हैं जो एक ही पुकार को दोहराती हैं: **"जीसस अभी भी बचाते हैं।"**

नीचे दिए गए मॉडर्न अकाउंट्स जीते-जागते सबूत हैं। वे छोटे, कच्चे और असली हैं – थ्योरी नहीं, बल्कि गवाही।
हर गवाह गुलामी में जाने के एक अलग दरवाज़े के बारे में बताता है – गुप्त दीक्षा, समुद्री समझौते, एस्ट्रल ट्रैवल, सीक्रेट कसमें – और बाहर निकलने के एक दरवाज़े के बारे में: **मेमने का खून** (Revelation 12:11)।

1. जॉन रामिरेज़ – हाई-रैंकिंग सैटेनिस्ट से इवेंजेलिस्ट तक (USA)

एक समय न्यूयॉर्क में इलाके के राक्षसों को कमांड करने वाले एक जादूगर, जॉन रामिरेज़ ने खून से सील किए हुए समझौते किए थे। एक रात, एक रस्म की तैयारी करते समय, किसी अनदेखे हाथ ने उन्हें मारा; उन्होंने आग से भी ज़्यादा तेज़ रोशनी देखी और सुना, *"मैं तुमसे प्यार करता हूँ, जॉन।"*

वह हमेशा के लिए बदल गए। आज वह दुनिया भर में छुटकारा सिखाते हैं।

धर्मग्रंथ: *"परमेश्वर का पुत्र शैतान के कामों को नष्ट करने के लिए प्रकट हुआ।"* — 1 यूहन्ना 3:8

देखें: YouTube लिंक | स्कैन QR → *जॉन रामिरेज़ टेस्टिमनी*

डोमिनियन टेकअवे: कोई भी करार इतना गहरा नहीं है कि उसे क्रॉस कैंसिल न कर सके।

2. टैला स्क्रोगिन्स – गुप्त और आत्मा पति से मुक्ति (USA)

टैला न्यू एज "एनर्जी वर्क" में खिंच गई। अजीब सपने और एक स्पिरिट हस्बैंड ने उसे तब तक परेशान किया जब तक आधी रात को एक चीख नहीं आई: *"जीसस, अगर आप असली हैं, तो मुझे बचा लो।"* अगले ही पल, अंधेरा टूट गया; उसे गर्मी महसूस हुई,

फिर शांति।
आज वह दूसरों को सूक्ष्म गुप्त दरवाज़ों के बारे में चेतावनी देती है।
धर्मग्रंथ: *"संकट के दिन मुझे पुकार, मैं तुझे छुड़ाऊंगा।"* — भजन 50:15
देखें: YouTube लिंक | स्कैन QR → *टैला स्क्रोगिन्स डिलीवरेंस*
डोमिनियन टेकअवे: छिपे हुए वादे तब खत्म होते हैं जब यीशु हर प्यार का मालिक बन जाता है।

3. पीटर हॉकले – एस्केप फ्रॉम विचक्राफ्ट एंड एस्ट्रल प्रोजेक्शन (UK)

बचपन से ही जादू-टोना करने वाले पीटर ने एस्ट्रल ट्रैवल में महारत हासिल कर ली थी। एक प्रोजेक्शन के दौरान उन्हें आग की एक चमकती हुई दीवार दिखाई दी — और एक आवाज़ सुनाई दी, *"तुम यह लाइन पार नहीं करोगे।"* बाद में वे ऐसे विश्वासियों से मिले जिन्होंने तब तक प्रार्थना की जब तक उन्होंने क्राइस्ट के सामने सरेंडर नहीं कर दिया।
धर्मग्रंथ: *"हमारा परमेश्वर भस्म करने वाली आग है।"* — इब्रानियों 12:29
देखें: YouTube लिंक | स्कैन QR → *पीटर हॉकले टेस्टिमनी*
डोमिनियन टेकअवे: कोई भी एस्ट्रल शक्ति भगवान की आग का उल्लंघन नहीं कर सकती।

4. फेथ करुरी – समुद्री शक्तियों से मुक्ति (केन्या)

तट के पास पली-बढ़ी फेथ को बार-बार समुद्र के महलों के सपने आते थे। एक प्रार्थना सभा के दौरान, जब अनदेखी ज़ंजीरें टूट गईं तो वह चीख पड़ी; बाद में उसने बताया कि उसने पानी के हटने की आवाज़ सुनी।

धर्मग्रंथ: *"उसने समुद्र को डांटा और उसे सुखा दिया।"* — नहूम 1: 4

देखें: YouTube लिंक | *फेथ करुरी टेस्टिमनी*

डोमिनियन टेकअवे: जो आवाज़ तूफ़ानों को शांत करती है, वह समुद्री समझौतों को भी चुप करा देती है।

5. "मैंने शैतान की पूजा की और फिर जेल में जीसस से मिला" – एनॉनिमस (USA)

शैतान को मानने वाले एक गैंग लीडर को अकेले कैद कर दिया गया। अंधेरे में, उसने सफेद कपड़ों में एक आदमी को देखा और सुना, *"मैं तुम्हारे लिए मर गया।"* वह घंटों रोता रहा। आज वह जेल में मदद के लिए एक संस्था चलाता है।

धर्मग्रंथ: *"चाहे मैं अपना बिस्तर नरक में बिछाऊं, तो भी देख, तू वहां है।"* — भजन 139: 8

देखें: YouTube लिंक | *प्रिज़न डिलीवरेंस टेस्टिमनी*
डोमिनियन टेकअवे: ग्रेस सबसे निचले डंजन तक पहुँच सकती है।

6. फॉर्मर फ्रीमेसन – सीक्रेट वादे और कसमें तोड़ना

लॉज के एक सीनियर सदस्य को सालों तक रस्मों की कसम खाने के बाद शांति खोने लगी। मैथ्यू 5:34 — "कसम बिल्कुल मत खाना" — पढ़कर उसने ज़ोर से हर कसम छोड़ दी और महसूस किया कि उसके सीने से कुछ उठ गया है। अब वह दूसरों को सिखाता है कि क़समों की जगह मसीह में वादा करें।
धर्मग्रंथ: *"तुम दो मालिकों की सेवा नहीं कर सकते।"* — मैथ्यू 6:24 **देखें**: YouTube पर खोजें → *फॉर्मर फ्रीमेसन टेस्टिमनी डिलीवरेंस (1 M + व्यूज़)* | QR स्कैन करें → *फ्रीमेसन डिलीवरेंस*
डोमिनियन टेकअवे: हर सीक्रेट कसम यीशु के नाम के आगे झुकती है।

7. अमा बोटेंग – किशोरी को स्पिरिट स्पाउस से मुक्ति (घाना)

पंद्रह साल की उम्र में, अमा को बुरे सपने आते थे और अनदेखे हमले होते थे। एक यूथ रिट्रीट के दौरान, जब पूजा शुरू हुई, तो वह गिर पड़ी और चिल्लाई, *"मुझे छोड़ दो!"* कुछ मिनट बाद वह आज़ाद हो गई।

धर्मग्रंथ: *"जिसे बेटा आज़ाद करता है, वह सच में आज़ाद है।"* — जॉन 8: 36

देखें: YouTube पर सर्च करें → *टीन को स्पिरिट स्पाउस घाना से छुटकारा मिला (1 M + व्यूज़)* | स्कैन QR → *अमा बोटेंग डिलीवरेंस*

डोमिनियन टेकअवे: पवित्रता तब शुरू होती है जब भगवान की मौजूदगी में छिपी हुई ज़ंजीरें टूट जाती हैं।

ये आवाज़ें गवाह हैं - सबूत हैं कि इमैनुअल एनी का छुटकारा एक विशाल, चल रही कहानी का हिस्सा है: अंधेरे पर यीशु मसीह की वैश्विक जीत।

अपनी गवाही कैसे शेयर करें

"अपने घर जाकर अपने दोस्तों को बताओ कि प्रभु ने तुम्हारे लिए कितना कुछ किया है और उसने तुम पर कितनी दया की है।" — मरकुस 5:19

इमैनुएल एमोस एनी की कहानी ने लाखों लोगों को अनदेखी दुनिया की सच्चाई और जीसस क्राइस्ट की महानता के बारे में बताया है।
अब आपकी बारी है — सच्चाई पर चलने की, उनकी शक्ति की गवाही देने की, और दूसरों को आज़ाद होने में मदद करने की।

अगला कदम उठाने का तरीका यह है

1. अपनी गवाही शेयर करें

क्या इस किताब को पढ़ने के बाद आपको मुक्ति, हीलिंग या आध्यात्मिक जागृति का अनुभव हुआ है?
हमें आपकी कहानी सुनना अच्छा लगेगा।

ईमेल: ambassador@otakada.org
WhatsApp (डायरेक्ट): +1 804 778 2759 (USA) | +234 803 283 5348 (नाइजीरिया)
ऑनलाइन सबमिट करें: https://www.otakada.org/contact-us-otakada/

आपकी गवाही दूसरों को मज़बूत करती है और दुश्मन को चुप कराती है (प्रकाशितवाक्य 12:11)। आपकी जैसी कहानियाँ पढ़कर ही कई लोग मसीह के लिए प्रेरित हुए हैं।

2. 40-दिन की ग्लोबल डिसिपलशिप जर्नी में शामिल हों

अगर इस किताब ने आपकी आत्मा को झकझोर दिया है, तो हम आपको अगला कदम उठाने के लिए बुलाते हैं — बदलाव की एक 40-दिन की यात्रा जिसका नाम है:
“अंधेरे से राज तक: अंधेरे की छिपी पकड़ से आज़ाद होने के लिए 40 दिन।”

यह सफ़र आपको इन चीज़ों तक ले जाएगा:
रोज़ाना बाइबल पढ़ना और मनन करना, मुक्ति की प्रार्थनाएँ और भविष्यवाणी की घोषणाएँ, ठीक होने और ठीक होने के कदम, लोगों, परिवारों और देशों के लिए प्रैक्टिकल एक्शन पॉइंट्स।

अपनी यात्रा यहाँ से शुरू करें:

अंधेरे से राज तक: अंधेरे की छिपी पकड़ से आज़ाद होने के लिए 40 दिन

—

जागरूकता, मुक्ति और शक्ति की एक ग्लोबल भक्ति - आज़ाद होने के लिए तैयार लोगों, परिवारों और देशों के लिए

किताबचा

https://shop.ingramspark.com/b/084?params=aVgp21QfwJxNANkfMxIQ0yejuFCVY12KFr978SRkZUD

अमेज़न लिंक - https://www.amazon.com/DARKNESS-DOMINION-Devotional-Awareness-Deliverance-ebook/dp/B0FLDH2Y67

3. वॉचमेन की ग्लोबल कम्युनिटी में शामिल हों

आपको अकेले चलने की ज़रूरत नहीं है। दुनिया भर के विश्वासियों के साथ आगे बढ़ने, प्रार्थना करने और सेवा करने के लिए हमारी किसी एक कम्युनिटी में शामिल हों।

इस माध्यम से जुड़ें:

- फेसबुक – *10 मिलियन मूवमेंट इंटरसेसरी कम्युनिटी*
- WhatsApp – *GEM कम्युनिटी 1 और 2*
- टेलीग्राम – *होली घोस्ट स्कूल शिष्यत्व*

हर कम्युनिटी आपको पवित्र आत्मा के साथ करीबी बनाने, अपने हुनर को खोजने और जीत की राह पर चलने में मदद करने के लिए बनाई गई है।

4. मिशन का समर्थन करें

आपका सपोर्ट हमें इस मैसेज को ज़िंदा रखने और ज़्यादा देशों तक पहुँचाने में मदद करता है।

आप प्रार्थना करके, दान देकर या इस किताब को दूसरों के साथ शेयर करके हमारे साथ पार्टनरशिप कर सकते हैं।

साझेदारी और दान:
https://www.otakada.org/partnership

आपका बोया हर बीज हमारी मदद करता है:

- इस किताब का अनुवाद करें और इसे दुनिया भर में बांटें
- कई भाषाओं में शिष्यत्व संसाधन तैयार करें
- उपचार, मुक्ति और पुनर्स्थापना आउटरीच का समर्थन करें

5. जुड़े रहें और आगे बढ़ते रहें

सच्ची मुक्ति से प्रेरित शिक्षाओं, गवाहियों और फिल्मों के लिए हमें फ़ॉलो करें:

यूट्यूब:

- गॉड्स ईगल मिनिस्ट्रीज़ मेन चैनल
- राजदूत सोमवार ओ. ओगबे चैनल

किताबें खरीदें:
https://shop.otakada.org

वेबसाइट:
https://www.otakada.org

अंतिम शब्द

हर गवाही इमैनुएल एनी की कहानी का आगे बढ़ना है — अंधेरे को चीरती रोशनी की एक चेन।
अगर भगवान ने आपकी आँखें खोलनी शुरू कर दी हैं, तो यहीं मत रुकिए। सच्चाई की आत्मा को आपको पूरी आज़ादी और ताकत की ओर ले जाने दीजिए।

"उठो, प्रकाशमान हो; क्योंकि तुम्हारा प्रकाश आ गया है, और प्रभु का तेज तुम्हारे ऊपर उदय हुआ है।" — यशायाह 60:1

शालोम,
एम्बेसडर मंडे ओ. ओगबे (ज़कारियास गॉडसीगल)
एडिटोरियल टीम के लिए, गॉड्स ईगल मिनिस्ट्रीज़ (GEM)
ambassador@otakada.org | www.otakada.org

दोबारा जन्म कैसे लें और मसीह के साथ नया जीवन कैसे शुरू करें

हो सकता है कि आप पहले भी जीसस के साथ चले हों, या हो सकता है कि आप इन 40 दिनों में उनसे मिले हों। लेकिन अभी, आपके अंदर कुछ हलचल हो रही है।

आप धर्म से ज़्यादा के लिए तैयार हैं।
आप **रिश्ते के लिए तैयार हैं** ।
आप यह कहने के लिए तैयार हैं, "यीशु, मुझे आपकी ज़रूरत है।"

सच तो यह है:

"क्योंकि सबने पाप किया है; हम सब परमेश्वर के महिमामय मानक से कम हैं... फिर भी परमेश्वर, अपनी कृपा से, हमें अपनी दृष्टि में स्वतंत्र रूप से धर्मी ठहराता है।"
— रोमियों 3:23–24 (NLT)

आप मुक्ति नहीं पा सकते।
आप खुद को ठीक नहीं कर सकते। लेकिन यीशु ने पहले ही पूरी कीमत चुका दी है — और वह आपका घर में स्वागत करने का इंतज़ार कर रहे हैं।

दोबारा जन्म कैसे लें

दोबारा जन्म लेने का मतलब है अपना जीवन यीशु को सौंप देना — उनकी माफ़ी को स्वीकार करना, यह मानना कि वह मरे और फिर जी उठे, और उन्हें अपना प्रभु और उद्धारकर्ता मानना।

यह आसान है। यह शक्तिशाली है। यह सब कुछ बदल देता है।

ज़ोर से प्रार्थना करें:

"प्रभु यीशु, मेरा मानना है कि आप परमेश्वर के पुत्र हैं। मेरा मानना है कि आप मेरे पापों के लिए मरे और फिर से जी उठे। मैं मानता हूँ कि मैंने पाप किया है और मुझे आपकी माफ़ी चाहिए। आज, मैं पश्चाताप करता हूँ और अपने पुराने तरीकों से मुड़ता हूँ। मैं आपको अपने जीवन में अपने प्रभु और उद्धारकर्ता बनने के लिए आमंत्रित करता हूँ। मुझे साफ़ करें। मुझे अपनी आत्मा से भरें। मैं घोषणा करता हूँ कि मैं फिर से जन्मा हूँ, माफ़ किया गया हूँ, और आज़ाद हूँ। आज से, मैं आपका अनुसरण करूँगा — और मैं आपके कदमों पर जीऊँगा। मुझे बचाने के लिए धन्यवाद। यीशु के नाम में, आमीन।"

मोक्ष के बाद अगले कदम

1. **किसी को बताएं** – अपना फ़ैसला किसी ऐसे विश्वासी के साथ शेयर करें जिस पर आपको भरोसा हो।
2. **बाइबल पर आधारित चर्च खोजें** – ऐसे समुदाय से जुड़ें जो परमेश्वर के वचन को सिखाता है और उसे जीता है। https://www.otakada.org या https://chat.whatsapp.com/H67spSun32DDTma8TLh0ov के ज़रिए ऑनलाइन God's Eagle मिनिस्ट्रीज़ पर जाएँ।
3. **बपतिस्मा लें** – अपने विश्वास को सबके सामने बताने के लिए अगला कदम उठाएँ।
4. **रोज़ाना बाइबल पढ़ें** – जॉन के गॉस्पेल से शुरू करें।
5. **हर दिन प्रार्थना करें** – परमेश्वर से एक दोस्त और पिता के रूप में बात करें।
6. **जुड़े रहें** – अपने आस-पास ऐसे लोगों को रखें जो आपके नए काम को बढ़ावा दें।
7. **समुदाय में शिष्य बनाने की प्रक्रिया शुरू करें** – इन लिंक के ज़रिए यीशु मसीह के साथ एक-एक करके रिश्ता बनाएँ

40-दिन का शिष्यत्व 1 - https://www.otakada.org/get-free-40-days-online-discipleship-course-in-a-journey-with-jesus/

40 शिष्यत्व 2 - https://www.otakada.org/get-free-40-days-dna-of-discipleship-journey-with-jesus-series-2/

मेरा उद्धार का क्षण

तारीख : ______________________________

हस्ताक्षर : __________________________

"अगर कोई मसीह में है, तो वह एक नई सृष्टि है; पुराना बीत गया है, नया आ गया है!"
— 2 कुरिन्थियों 5:17

मसीह में नए जीवन का प्रमाण पत्र

मुक्ति की घोषणा– अनुग्रह से नया जन्म

यह प्रमाणित करता है कि

____

(पूरा नाम)

उसने सबके सामने **यीशु मसीह में**
प्रभु और उद्धारकर्ता के रूप में विश्वास जताया है और उसकी
मृत्यु और पुनरुत्थान के ज़रिए मुक्ति का मुफ़्त तोहफ़ा पाया है।

"अगर तुम खुले तौर पर यह ऐलान करो कि यीशु प्रभु है और अपने दिल में यकीन करो कि परमेश्वर ने उसे मरे हुओं में से ज़िंदा किया है, तो तुम बच जाओगे।"

— रोमियों 10:9 (NLT)

इस दिन स्वर्ग खुश होता है और एक नई यात्रा शुरू होती है।

निर्णय की तिथि : ___________________________

हस्ताक्षर : ______________________________

मुक्ति घोषणा

"आज, मैं अपना जीवन जीसस क्राइस्ट को सौंपता हूँ। मेरा मानना है कि वह मेरे पापों के लिए मरे और फिर से जी उठे। मैं उन्हें अपने प्रभु और उद्धारकर्ता के रूप में स्वीकार करता हूँ। मुझे माफ़ कर दिया गया है, मेरा फिर से जन्म हुआ है, और मैं नया बन गया हूँ। इस पल से, मैं उनके नक्शेकदम पर चलूँगा।"

वेलकम टू द फैमिली ऑफ गॉड!

आपका नाम मेमने की जीवन की किताब में लिखा है।
आपकी कहानी अभी शुरू हुई है – और यह हमेशा रहने वाली है।

गॉड्स ईगल मिनिस्ट्रीज़ से जुड़ें

- वेबसाइट: www.otakada.org
- वेल्थ बियॉन्ड वरी सीरीज़: www.wealthbeyondworryseries.com
- ईमेल: ambassador@otakada.org

- **इस काम में मदद करें:**

कवनेंट के तहत दान देकर किंगडम प्रोजेक्ट्स, मिशन और फ्री ग्लोबल रिसोर्स को सपोर्ट करें।

देने के लिए QR कोड स्कैन करें

https://tithe.ly/give?c=308311

आपकी दरियादिली से हमें ज़्यादा लोगों तक पहुँचने, रिसोर्स ट्रांसलेट करने, मिशनरियों को सपोर्ट करने और दुनिया भर में डिसाइपलशिप सिस्टम बनाने में मदद मिलती है। धन्यवाद!

Give in the Spirit of Luke 6:38

3. हमारे WhatsApp Covenant कम्युनिटी से जुड़ें

अपडेट्स, भक्ति वाला कंटेंट पाएं, और दुनिया भर में वाचा मानने वाले विश्वासियों से जुड़ें।

जुड़ने के लिए स्कैन करें

https://chat.whatsapp.com/H67spSun32DDTma8TLh0ov

अनुशंसित पुस्तकें और संसाधन

मुक्ति क्यों विफल होती है — और परमेश्वर की अग्नि आत्मा को कैसे पुनर्स्थापित करती है: सर्वांगीण मुक्ति के लिए 40 दैनिक घोषणाएँ

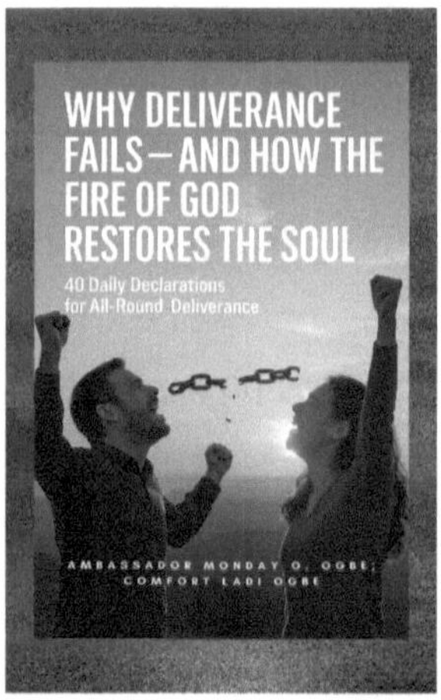

इस लिंक से पेपरबैक ऑर्डर करें - https://shop.ingramspark.com/b/084?params=hRHuHyigdcnVpGc9hy9gNCOQLuCHt8ReHNPx1l1xWbZ

Amazon पर ईबुक - https://www.amazon.com/Why-Deliverance-Fails-Declarations-All-Round-ebook/dp/B0FW74L4G4

क्यू आर संहिता -

बचाया गया लेकिन खो गया – शिष्यहीन धर्मांतरित – 25 भाषाओं में अनुवादित

किताबचा

https://shop.ingramspark.com/b/084?params=iYNB6S3PLMfREpm0jMM15bMe3BvWlkjcYyLYnHVGAds

ईबुक - https://www.amazon.com/SAVED-BUT-LOST-UNDISCIPLED-heartbreak-ebook/dp/B0FVJ29DF7

आध्यात्मिक युद्ध और रिकवरी के 7 दिन - यह पार्ट 1 है

दुश्मन को बांधना, तीरों को सात गुना करके वापस करना, और अपनी किस्मत को फिर से बनाना

https://shop.ingramspark.com/b/084?params=8mPzqUl73Ex7uPyeO7ydyt8EGkkB6u2gX1jZvWU8j1C

ई-बुक लिंक - https://www.amazon.com/DAYS-SPIRITUAL-WARFARE-RECOVERY-Returning-ebook/dp/B0FMPJM5KZ

7 दिन का आध्यात्मिक युद्ध और रिकवरी - पार्ट 2 - जीत पक्की करना, घर की बुराई तोड़ना, और अपनी वापस मिली किस्मत को बचाना

पेपरबैक -

https://shop.ingramspark.com/b/084?params=LkpNmGSsApHhWhiSO7bW3wFmcXQKIO4ZEBeSbP5rL1S

ईबुक - https://www.amazon.com/DAYS-SPIRITUAL-WARFARE-RECOVERY-Wickedness-ebook/dp/B0FR9YCMY8

अंधेरे से राज तक: अंधेरे की छिपी पकड़ से आज़ाद होने के लिए 40 दिन

–

जागरूकता, मुक्ति और शक्ति की एक ग्लोबल भक्ति - आज़ाद होने के लिए तैयार लोगों, परिवारों और देशों के लिए

किताबचा

https://shop.ingramspark.com/b/084?params=aVgp21QfwJxNANkfMxIQ0yejuFCVY12KFr978SRkZUD

अमेज़न लिंक - https://www.amazon.com/DARKNESS-DOMINION-Devotional-Awareness-Deliverance-ebook/dp/B0FLDH2Y67

- ***डिलिवर्ड फ्रॉम द पावर ऑफ़ डार्कनेस* (पेपरबैक)** — यहाँ से खरीदें | Amazon पर ईबुक

- **यूनाइटेड स्टेट्स से टॉप रिव्यू:**
  - **किंडल कस्टमर** : "अब तक की सबसे अच्छी क्रिश्चियन किताब!" (5 स्टार)

हर किसी को यह किताब पढ़ने की सलाह दूँगा ... क्योंकि पाप की मज़दूरी मौत है, लेकिन परमेश्वर का तोहफ़ा हमेशा की ज़िंदगी है। शालोम! शालोम!

  - **डा गस्टर** : "यह एक बहुत ही दिलचस्प और अजीब किताब है।" (5 स्टार)

अगर किताब में कही गई बातें सच हैं, तो हम सच में दुश्मन की काबिलियत से बहुत पीछे हैं! ... जो कोई भी स्पिरिचुअल लड़ाई के बारे में सीखना चाहता है, उसके लिए यह ज़रूरी है।

  - **वीज़ा** : "मुझे यह किताब बहुत पसंद आई" (5 स्टार)

यह आंखें खोलने वाला है... एक सच्चा कबूलनामा... हाल ही में मैं इसे खरीदने के लिए हर जगह ढूंढ रहा था। Amazon से इसे पाकर बहुत खुश हूं।

  - FrankJM : "काफी अलग" (4 स्टार)

यह किताब मुझे याद दिलाती है कि असली आध्यात्मिक लड़ाई कितनी होती है। यह "परमेश्वर के पूरे कवच" को पहनने की वजह भी याद दिलाती है।

- **जेनजेन** : "जो कोई भी स्वर्ग जाना चाहता है - इसे पढ़ें!" (5 स्टार)

इस किताब ने मेरी ज़िंदगी बहुत बदल दी। जॉन रामिरेज़ की गवाही के साथ, यह आपको अपने विश्वास को अलग नज़रिए से देखने पर मजबूर कर देगी। मैंने इसे 6 बार पढ़ा है!

- *एक्स-सैटनिस्ट: द जेम्स एक्सचेंज* (पेपरबैक) — यहाँ से खरीदें | Amazon पर ईबुक

- ***एक अफ़्रीकी भूतपूर्व शैतानवादी की गवाही*** - *पादरी जोनास लुकुंटू मपाला* (पेपरबैक) — यहाँ से खरीदें | Amazon पर ईबुक

- *ग्रेटर एक्सप्लॉइट्स 14* (पेपरबैक) — यहाँ से खरीदें | Amazon पर ईबुक

- जॉन रामिरेज़ की *किताब आउट ऑफ़ द डेविल्स कॉल्ड्रॉन* — Amazon पर उपलब्ध है
- रेबेका ब्राउन की किताब ' *ही केम टू सेट द कैप्टिव्स फ्री'* — Amazon पर खोजें

लेखक की पब्लिश की हुई दूसरी किताबें – 1000 से ज़्यादा टाइटल

प्यार किया, चुना और पूरा : रिजेक्शन से ठीक होने तक का 30 दिन का सफ़र, दुनिया की 40 भाषाओं में ट्रांसलेट किया गया

https://www.amazon.com/Loved-Chosen-Whole-Rejection-Restoration-ebook/dp/B0F9VSD8WL

https://shop.ingramspark.com/b/084?params=xga0WR16muFUwCoeMUBHQ6HwYjddLGpugQHb3DVa5hE

Loved, Chosen and Whole
A 30-Day Journey from Rejection to Restoration
Zacharias Godseagle; Ambassador Monday O. Ogbe; Comfort Ladi Ogbe

उनके कदमों में — 40-दिन का WWJD चैलेंज:

दुनिया भर में असल ज़िंदगी की कहानियों में यीशु की तरह जीना

https://www.amazon.com/His-Steps-Challenge-Real-Life-Stories-ebook/dp/B0FCYTL5MG

https://shop.ingramspark.com/b/084?params=DuNTWS59IbkvSKtGFbCbEFdv3Zg0FaITUEvlK49yLzB

यीशु द्वार पर:

40 दिल दहला देने वाली कहानियाँ और आज के चर्चों के लिए स्वर्ग की आखिरी चेतावनी

https://www.amazon.com/dp/B0FDX31L9F

https://shop.ingramspark.com/b/084?params=TpdA5j8WPvw83glJ12N1B3nf8LQte2a1llEy32bHcGg

JESUS AT THE DOOR
40 HEARTBREAKING STORIES AND HEAVEN'S FINAL WARNING TO TODAY'S CHURCHES
ZACHARIAS GODSEAGLE, COMFORT LADI OGBE, AMBASSADOR MONDAY O. OGBE

वाचा का जीवन: व्यवस्थाविवरण 28 के आशीर्वाद में 40 दिन चलना

- https://www.amazon.com/dp/B0FFJCLDB5

वास्तविक लोगों की कहानियाँ, वास्तविक आज्ञाकारिता और वास्तविक

https://shop.ingramspark.com/b/084?params=bH3pzfz1zdCOLpbs7tZYJNYgGcYfU32VMz3J3a4e2Qt

20 से ज़्यादा भाषाओं में बदलाव

उसे जानना और उसे जानना:

ठीक होने, समझने और हमेशा रहने वाले प्यार के लिए 40 दिन

https://www.amazon.com/KNOWING-HER-HIM-Healing-Understanding-ebook/dp/B0FGC4V3D9

https://shop.ingramspark.com/b/084?params=vC6KCLoI7Nnum24BVmBtSme9i6k59p3oynaZOY4B9Rd

पूरा करें, मुकाबला नहीं:

उद्देश्य, एकता और सहयोग की 40-दिवसीय यात्रा

https://shop.ingramspark.com/b/084?params=5E4v1tHgeTqOOuEtfTYUzZDzLyXLee30cqYo0Ov9941

https://www.amazon.com/COMPLETE-NOT-COMPETE-Journey-Collaboration-ebook/dp/B0FGGL1XSQ/

डिवाइन हेल्थ कोड - भगवान के वचन और क्रिएशन के ज़रिए हीलिंग को एक्टिवेट करने के लिए 40 डेली कीज़ पौधों, प्रार्थना और भविष्यवाणी की हीलिंग पावर को अनलॉक करें

https://shop.ingramspark.com/b/084?params=xkZMrYcEHnrJDhe1wuHHYixZDViiArCeJ6PbNMTbTux

https://www.amazon.com/dp/B0FHJT42TK

https://www.amazon.com/stores/Ambassador-Monday-O.-Ogbe/author/B07MSBPFNX **पर मिल सकती हैं**

www.ingramcontent.com/pod-product-compliance
Lightning Source LLC
LaVergne TN
LVHW040432051026
849517LV00002B/567